로망에 대하여

강열우 지음

엔북스

로망에 대하여

  평생 수많은 꿈을 꾸면서 그 꿈이 나의 것이 되리라는 생각은 들지 않았습니다. 스쳐 지나가는 인연들도 그 소중함을 알지 못했습니다. 그저 현실에 헉헉대면서 흘러온 세월을 이제 돌이켜 보면 모든 것이 나의 로망이었음을 늦게나마 깨달은 지금, 소박한 해답을 이곳에 담아 둡니다. 태어날 때의 울음도, 한창때의 외침도, 지금에야 느끼는 부끄러움도 다 내려놓고 오직 그 모든 것을 사랑하는 마음으로 새롭게 다가올 로망을 꿈꾸어 봅니다.

  저에게 로망을 가르쳐 준 모든 인연들께 감사를 드립니다.

2023. 12 강 열 우

목차

005   로망에 대하여

008   100세의 웃음
013   사춘기
015   사랑 한 송이 사세요
018   부르고 싶은 이름 "엄마"
020   나 자신을 사랑하는 방법!

024   욕심의 계절
         겨울에 웬 춘향이가!
027   용감한 희극과 유치한 비극
031   SNAP <세계를 품다>
038   대금소리에
         귓전을 기울이다
041   사랑은 언제나
         아픔에서 시작된다

048   그대여 이제는
         내가 드리겠나이다
052   이별은 사랑을 완성하는
         미완성 교향곡
057   사랑학 개론
061   신의 옷자락 "하 늘"
065   이거 미친 짓입니더

070   들숨과 날숨의 리듬
076   108배와 명상
080   안녕 그대
086   사람이 무서워
         사랑을 못해도
         못난 사랑이라도
         사람과 사랑하리라
092   꼬마 대통령

098	사랑하는 이와 혼인하라	143	공
104	행복찾아 삼만리	147	이태원의 영혼들
111	나는 시골에서 성공했다	150	비 오는 날
116	잔소리는 서로를 적으로 만든다	153	우리마을 미스코리아
121	사는기 뭐 별거있나	159	숨김과 들킴
125	말없이 말하다	163	사느냐 살고 있느냐! 그것이 문제로다
128	사랑하는 것일수록	166	생각을 사냥하는 방법
132	친구	172	장기 훈수 두듯이 자기를 돌봐라
136	독이 든 사과	176	첫사랑
139	심심한 선택과 흥미로운 선택	184	서로
		186	1987 거제도
		198	1988 소주병 휘날리며

100세의 웃음

 히트친 영화 중에 <창문 넘어 도망친 100세 노인>이라는 영화를 의미있게 보았다.

 이 영화는 소설을 영화화 한 작품이지만 가만히 들여다보면 사뭇 영화로 보고 넘기기에는 의미심장한 작품이었다. 한평생 가족과 국가의 기반이 되었던 젊은 시절을 뒤로한 채 자식이 성장하여 아이를 낳다 보니 아버지, 어머니에서 어느날 할아버지, 할머니라는 역할로 바뀌어 버린다.

 얼굴에 반점이 생기고 피부가 노화되며 새로운 공간의 적응이

어렵고 실어증이나 심지어 각종 병에 걸려 뒷방 늙은이 취급당하는 세월이 되었다. 과거에야 생활이 어찌 되었든 간에 자식과 함께 살아왔으니 아이들로 인한 웃음거리가 많았을 터이다.

나이가 들면 그만큼 대인관계도 줄어드니 이야기거리도 그다지 많지 않고 소외될 수밖에 없다. 영화의 주인공인 노인은 끊임없이 사고를 친다. 요양원에서의 탈출을 시도하고 급기야는 황당한 일까지도 자행 아닌 자행으로 영화속의 웃음을 만들어 낸다.

웃는다는 것은 웃을 건수가 있어야 하는데 노인들의 환경은 그다지 녹록치 않다.
우선 건강해야 한다. 건강하기 위하여 일하는 것이 아니라 일을 하다 보면 건강해진다.

걸을 수 있는 조그만한 힘만 있다면 일을 해야 한다. 일을 하면 무엇보다도 사람을 만날 수 있는 것이다. 큰 노동력을 필요로 하는 일보다는 움직일 수 있고 또한 과거에 본인이 해왔던 일부터 시작해보는 것이다. 이야기 하는 것을 좋아하는 노인들은 요즈음 웃음

치료사 과정을 통해 그 기능을 배워 노인들에게 웃음거리를 제공하는 일을 한다.

 본인 또한 그 작업을 통해 보람과 건강을 되찾아가는 것이다. 찰리 채플린은 일찍이 <웃음은 강장제이며 안정제>이다라는 말을 해왔다. 어렸을 때부터 어머니가 다니는 극단에서 보고 들은 풍월로 우스꽝스런 행동을 무대에서 표현해 많은 사람들의 웃음을 자아내게 했다.

 그는 나이가 들어서도 끊임없이 웃음을 연구하고 그것을 많은 사람들에게 전달했고 오늘날에 이르게 되었다. 아침에 눈을 뜨면서부터 하늘을 보고 웃고 집안에 피어 있는 화초를 보면서 활짝 웃는 것으로부터 하루를 시작한다. 왠지 발걸음이 가볍고 마주치는 마을 사람들에게 던지는 인사의 품새가 밝다.

 노래도 열심히 불러보자. 노래 부르기는 치매예방에 최고의 컨텐츠다. 가사를 외우고 리듬을 읊조리며 흥에 겨워 몸까지 움직이다 보면 저절로 즐거움을 획득하게 된다.

이 모든 것들에 대한 기회의 제공은 내가 선택해야만 한다. 누가 대신 해 줄 수 없는 것이다.

지역사회에서 주어진 기회를 최대한 활용하고 과거에 얽매이지 않고 지금의 나이에서 건강하고 유익하며 젊은 세대로부터 존중받으려면 나 자신부터 밝아져야 한다.

묵은 때를 벗기듯이 새로운 세대의 주인공으로 한 발 앞서기 위해서는 웃음꽃이 만발한 삶의 언저리를 향해 질주해야한다.

<창문 넘어 도망친 100세 노인>처럼...

묵은 때를 벗기듯이 새로운 세대의 주인공으로 한 발 앞서기 위해서는

웃음꽃이 만발한 삶의 언저리를 향해 질주해야한다.

사춘기

　나 잡아 봐라! 용용 죽겠지! 하고 좁은 골목길만 가득하던 집 주위를 한참을 돌다 이윽고 한판 질펀하게 놀이에 들어간다.

　비석치기, 대못박기, 여자아이들 고무줄 끊기, 딱지치기, 말타기. 이렇게 몸을 혹사하다시피 놀다 보면 해가 뉘엿뉘엿 넘어 간다.

　어머니의 불호령이 떨어질 듯하면 냉큼 집으로 들어가 순한 양이 되어 하루의 일과를 마감하던 시절이 우리들 사춘기였다.

아스팔트가 아닌 흙, 단정하지 못한 집이었지만 정과 온기가 있었고 놀이의 도구는 오직 자연뿐이었다.

> 이런 사춘기 시절을 겪었던 내가
> 어떻게 우리 아이를 이해하겠는가!

지금의 골목에는 놀이가 사라지고 음산스러움만 가득하며 비석치기 대신 게임방, 말타기 대신에 폭주족 같은 일탈놀이가 사춘기 아이들의 놀이가 되어버렸다.

학교에서 떠밀리고 집에서도 떠밀리고 학원에서는 더 떠밀리는 우리 아이가 사춘기를 어떻게 잘 버틸 수 있을까?
한참을 고민해도 사회가 나를 도와줄 성 싶지 않다.
질풍노도의 시기라고 불리는 지금 우리 아이의 사춘기를 나는 '사랑'이라는 대명제로 기도할 뿐이다.

사랑 한 송이
사세요.

 목욕하기를 유난히 좋아하는 나는 평소 밤늦게 광안리 근처에 있는 목욕탕을 자주 찾는다.

 추운 겨울에는 차를 몰고 돌아오는 길에 가끔 트럭에 꽃을 가득 실어 놓고선 꽃을 파는 상인들을 볼 수 있다.

 날씨가 너무 추워 손을 비비거나 호호 불며 손님들을 유혹한다.
 "장미 사세요"하고 외쳐대는 상인의 가게에는 그다지 손님이 없다.

"사랑 한 송이 사세요"라고 외쳐대는 바로 그 옆집에는 손님들이 발길을 멈추고 여기저기 널려있는 장미들을 보며 '사랑'을 사간다.

> 똑같이 장미를 팔고 있지만
> 단순한 장미를 파는 것이 아니라
> 장미의 '가치'를 팔고 있는 것이었다.

부모는 자식에게 사랑을 팔고, 자식은 부모에게 효를 판다, 선생님은 학생에게 존경을 팔며, 학생은 선생님께 순수함을 팔듯이 우리들은 그 나름의 가치를 파는 것이다.

어린왕자의 저자 생텍쥐페리의 '배를 짓고 싶으면 북소리 둥둥 울려 사람을 모으지 말고 바다로 가고 싶은 욕망을 불러일으키게 하라'는 말처럼 나도 모르게 사랑 한 송이를 움켜 들고 집으로 간다.

사랑

한 송이

사세요

부르고 싶은 이름
"엄마"

'아강아강 우지마라 느어머이 찐조밥이 싹이나면 온다더라, 아강아강 우지마라 느어머이 삶은팥이 싹이나면 온다더라, 아강아강 우지마라 느어머이 그린황계 홰치거든 온다더라.'

집 나간 엄마를 찾아 막내가 징징거리자 언니가 막내를 보듬고 불러준 자장가다.

아버지가 일찍 돌아가시고 오형제를 혼자서 건사하며 온갖 행상을 해 오시던 엄마가 한밤중에 집을 나가셨다.

어린 나는 아무 말도 못했다.

새벽녘 엄마는 다시 돌아와 조용히 숨을 죽이고 혼자서 한없이 울고 계셨다.
먼훗날 "차마 너희들을 두고 떠날 수가 없었다"고 하셨다.

이럭저럭 세월이 흐르고 어머님을 10년 넘게 모시고 살았다.
사고로 허리를 다쳐 수술을 한 뒤 집에서 간병이 어려워 요양원에 계신 지 2년이 되었다.

얼마 전 간호사로부터 연락이 와 가보았더니 우울증이라신다.
침대에서 좀처럼 나오시지 않고 말씀도 안하신다더니 날 보자마자 수다를 늘어놓으신다.

내가 그랬다.
"엄마가 오래 살아야 내가 잘 된대요."
그랬더니, 엄마가 나를 안으며 "차 조심하고 댕기라" 하신다.
바닥을 끌며 걷는 모습에 나직이 불러 본다.

나 자신을 사랑하는 방법!

꽃이 예쁘다 라고 하면 내가 좋다.

꽃 색깔이 왜 이래 하면 내가 안 좋다.

사랑 받으려고 하기 때문에 미움이 생기는 것이지 사랑하는 것은 문제가 안된다.

사랑하는 마음에는 아무런 부작용이 없다.

산에 가거나 바다 갈 때 내가 좋아서 가지만 대가성이 없다.

그런데 사람에게는 "내가 니 좋아하는데 니도 내를 좋아해야지"라고 하는 <거래>가 숨어있다.

내가 받으려고 하니까 손해계산이 나온다. 사랑 안하고 받으려고 한다. 그러니까 괴로움이 생긴다. 그냥 사랑하고 베풀려는 마음을 내면 좋은것이다. 따지기 시작하면 자기만 괴롭다.
괴로움은 얻으려고 하는데서 생기는것 아닌가?

사실 결혼할 때 계산해보고 이득이 되겠다 싶어서 결혼했는데 그게 아니다라고 판명이 나면 짜증이 나는거지.

친구는 의리를 보고 사업은 신용관계를 보지만 남녀가 결혼할때는 얼굴, 학력, 직장, 집안 보고 같이 살면서 덕좀 볼까 했는데 별 신통치 않으면 "손해다"라는 마음이 생긴다.

사실 결혼해서 "옛날 일", "지나간 일" 가지고 싸운다. 그런데 미래에 관한 일을 가지고 싸울때는 기분좋고 나쁨은 있지만 내가 그속에 빠지지는 않는다.

싸울 때 모든 핑계는 상대방을 대지만 결국 자신이 스스로를 해친다. 성질내고 싸우고 하는 것은 이기심같이 들리지만 자신을 손해끼친다.

어리석기 때문에 자기를 괴롭히는 꼴이 된다.
내 마음을 보자.
물끄러미 내 마음의 움직임을 보는 것이다.
기분의 좋고 나쁨을 한단계 위에서 <지켜보는 것이다>.

출렁이는 파도에서 배가 뒤집혀지지 않을 정도의 마음을 보는 것이다. 그리고 두 손으로 나를 꼭 껴안으며 나를 사랑하는 것이다....

욕심의 계절
겨울에 웬 춘향이가!

나는 27년간의 대학교수 생활을 뒤로하고 조그만한 도서관을 열었다. 조그만한 책방이라고 부르는게 더 맞을 것 같다. 신간보다 1980년대 책이 더 많은 탓이고 보면, 작고 오래된 책들이 즐비한 중고책방 같은 곳이다.

근데 시골이다보니 책방으로는 딱이다. 아는 지인들이 찾아오고 수다도 떨고 밥도 같이 먹는다. 이렇게 책방 주인을 하다보니 자연스레 나도 책을 읽기 시작한다.

광고 없는 피아노 음악에 맞추어 내 눈은 음표를 따라서 노래하듯 책을 읽어나간다. 온갖 생각이 든다. 80년대 대학 캠퍼스에서 통기타 치며 박수를 치고 서로 남녀가 손을 잡고 포크댄스 하던 그 때 그 시절. 그러다가 이몽룡이라도 된 듯 저 건너편 여학생이 춘향이로 보인다.

어떻게 고백할까 망설이다 눈이 마주치지만 어떻게 할 줄 모른다. 이런 기분을 도서관 개관을 준비하는 이 계절 겨울에 만끽한다. 겨울은 자기 힘을 다하며 살다 간 낙엽들의 몸부림으로 가득 찬 계절이다. 나뭇가지에 대롱대롱 매달려 있다가 떨어질 정도의 바람이 불면 낙엽도 순서대로 떨어진다.

목숨이 다한 것이다. 기어코 이리저리 뒹굴다가 제 자리를 찾았듯이 어느 한 켠에 처박혀 있다. 비 내리고 눈 내리다 보면 흔적도 없이 사라져버린다.

<u>우리 인생이 그렇다. 끝은 끝이 아니다.</u>

끝 속에 새로운 시작이 있다. 겨울은 새로움을 만드는 유혹의 계절이며 힘을 가지고 있다. 비어있음이 비어있는 것이 아니라 채울 수 있는 미덕을 갖고 있다.

이 세상에 유혹함이 없다면 얼마나 지겨울까? 만약 항상 따뜻하기만 한 계절에 귀하께서 산다고 하면 정말 좋을까? 낙원처럼 느껴질까? 그렇지 않을 것이다. 봄, 여름 그리고 가을과 겨울이 순차적으로 일어나는 것이야말로 접속이 되고 이음이 되는 것이다. 특히 겨울은 혹독하다. 사랑도 이 겨울처럼 혹독해야 한다.

얼고 녹고를 반복하며 두 손으로 귀를 가려보지만 그 맹렬한 추위를 막지는 못할 것이다. 하지만 시간은 흐른다. 그 악랄한 땡추위는 어딜 갔는지 형체도 없고 하얀목련이 목을 내밀고 있다.

유혹의 계절 겨울이 만들어 낸 작품들이다.
봄을 유혹하는 겨울. 나는 그 힘을 믿는다. 형틀에 갇히기는 했지만 이윽고 한양으로 서방님을 따라간 춘향이의 귀환처럼 우리들도 그 유혹의 힘을 임인년 첫 겨울에 내밀어본다.

용감한 희극과
유치한 비극

따뜻한 봄날이었다.

나는 우연히 들꽃 같은 그러면서도 인자함이 물씬 풍기는 화단을 바라본다. 그러나 눈에 보이는 것은 화단이 아니고 화단처럼 모든 것을 품은듯하며 언덕같이 소박하고 길처럼 순수하고 당당한 그녀의 눈과 마주친 것이다.

그 어떤 절세미인도 품어내지 못할 강물 같은 눈빛, 삶에 대해 남다른 안목을 가진 정열과 그 가능성을 나는 보고야 말았다. 사랑하는 눈은 멀어버린다.

예수, 공자, 부처도 사랑을 강조하였다.
믿음, 소망, 사랑 중에서 제일은 사랑이란다. 왜 그럴까?

<u>사랑의 위대한 힘 때문이다.</u>
<u>사랑의 힘 앞에는 불가능이 없다.</u>

자식을 위해 철야기도를 하는 우리 어머니들의 사랑, 분식가게에서 묵묵히 만두피를 싸주며 하루하루 함께 하는 우리 남편의 극진한 사랑, 초딩들이 부모들로부터 받은 용돈을 모아 어려운 이웃을 위해 써달라며 파출소에 놓아두고 간 모금사랑…

이렇듯 사랑에는 신비로운 위력이 있다. 나는 이 위력에 기대어 사랑하는 사람과 들길, 산고개, 찻집, 고궁에서 벅찬 기쁨과 황홀감으로 춤추며 노래한다. 사랑 때문에 트로이전쟁이 일어나고 사랑으로 신분을 뛰어 넘는…

사랑을 할 때는 항상 넉넉하고 풍요로워 원수도 용서하리만큼 자신에게 놀란다. 조건없는 사랑. 오로지 사람을 사랑하는 그것외엔 다른 아무 요구가 없기 때문에 사랑은 비현실적이 되고 슬픈 사연이 이어지게 된다.

그것들이 마침내는 타산과 이해로 얽힌 현실에 직면하여 순결무구한 사랑의 경험이 유치한 비극의 드라마로 남게 된다.

슬프기 때문에 더욱 아름다운 이야기가 되고 사랑의 경험 이후 인생을 윤택하고 슬기롭게 하여 풍요한 인생의 열매가 열리고 익어가는 것이다.

사랑하고 실패한 이는 사랑해보지 못하고 성공한 사람보다 훨씬 의미있고 가치로운 생활을 이어간다. 사랑하고 잃어버림은 사랑하지 아니한 것보다 낫다.

비가 오면 비를 맞고 눈이 오면 더욱더 그윽하고 용감한 희극을 맛볼 수 있듯이 나는 오늘도 가슴에 긴 칼 옆에 차고 우리집 마당을 걷는다.

사랑의 위대한 힘 때문이다.

사랑의 힘 앞에는 불가능이 없다.

SNAP
<세계를 품다>

객석 양쪽 벽면과 무대바닥에 그림이 움직이고 조명은 감추어진 그림들을 조합하듯이 천천히 창조해낸다.

음악은 디즈니랜드에 입장하는 아이들의 마음을 따르고 무대에는 작품을 위한 오브제들이 눈에 들어온다.

음악이 시작되고 본격적인 공연의 첫 걸음에 연기자 한 명이 나와 투명한 통에 빨간 스카프를 넣는다. 다시 뚜껑을 닫고 손으로 마법을 넣으니 빨간 스카프는 자유를 만끽하듯 춤을 춘다.

또 다른 연기자는 우산으로 장난을 친다.

넘겨뜨리고 바로 세우고 넘겨뜨리고 바로 세우기를 몇 번 반복하더니 이번에는 우산에 손도 대지 않은 채 공중 위로 들어 올린다. 마지막 연기자는 그림책을 들고나왔다.

펜으로 그림책에 얼굴을 그린 뒤 얼굴의 눈·코·입 등을 자유자재로 움직이게 한다. 전반전 공연의 분위기가 흥미로워지자 객석에서는 박수 소리가 나오고 세 명의 연기자들은 몸을 빠르게 움직여 무대와 객석을 오버랩 시키면서 시공간을 초월하는 무대연출을 이어나간다.

가족애와 신비스러운 스토리를 가진 영미권의 동요 "할아버지 시계"속으로 장난치기 좋아하는 요정 트릭스터와 함께 관객들은 스냅의 미스터리 퍼포먼스에 빠져든다.

공연은 시종일관 관객들을 일상에서 만끽하지 못한것을 돌려주려는듯 환상의 공간을 만들어 나간다.

세계 최강을 자랑하는 한국 마술사들의 실력도 스냅 안에 녹아 있다. 현란한 손기술로 끊임없이 생기면 사라지고 사라졌다 싶으면 생기고를 반복하며 관객들의 눈을 의심케하는 카드 마술을 선보였다.

요정들이 사건을 전개하고 만드는 이야기에 몰입되어 어느 새 관객들은 저글링과 비둘기 마술, 그리고 삐에로가 안내하는 어린 시절 추억 같은 마술을 흠뻑 즐기기에 충분하였다.

장면마다 적절한 긴장과 재미를 반복하는 동안 객석의 어린 관객들은 트릭스터들의 행동에 도움이라도 주려는 듯 계속해서 "뒤에" "조심해"라고 하는 응원의 메시지를 날린다.

흥미로운 긴장을 유지시켜주기도 하고 다음 장면은 어떻게 되지? 왜 저런 행동을 할까? 또는 가만히 있는 물체가 움직이고 스크린에는 대형 커튼이 등장하는 듯 모든 것이 상상에 상상을 더해가는 극의 전개와 무대 장치, 조명등에 궁금을 자아내기에 충분하였다.

이런것은 내가 보는것과 내가 알고있는것은 동일한 것일까?

우리는 어디까지 눈으로 보고 받아들여야 할까?

고정된 인식의 틀과 불완전한 시각의 차이를 기반으로 한 착각일까? 처음 등장한 그림자놀이, 손으로 자연물의 모습을 취하는 그림자놀이의 모습은 무엇이 실체이고 허상인가에 대한 질문에 빠지게 된다.

우리는 물리적 공간 너머, 상상의 공간으로 어디까지 확장할 수 있을까? 이런 생각은 스냅의 공연 시작에서부터 끝날 때까지 이어져온다. 스냅은 장난치기 좋아하는 요정 "트릭스터"를 등장시켜 시공간을 초월하는 문을 통해 의도치 않은 여행을 떠나는 것에서부터 시작된다.

마술은 본래 환상에서부터 시작하여 환상에서 끝나야 환상적이라는 말을 듣는다.

그만큼 다른 예술 분야보다 특수성을 발휘해야만 인정을 받는다는 것이다. 이러한 측면을 볼 때 스냅은 마술사들의 마술 기술 뿐 만 아니라 탄탄한 스토리텔링, 요정들의 연기력, 독창적인 무대 디자인과 조명, 거기에 과학의 스펙트럼과 결합한 각종 이펙트들이 그것이다.

공연이 끝난 후, 커튼콜이 이어졌고 관객들의 박수갈채를 받으며 출연진들과 인사를 나누고 나는 잰걸음으로 극장을 빠져 나왔다.

스냅은 영국에딘버러 프린지 페스티벌에서 아시안 아츠어워드 대상을 수상했고 그것에 힘입어 미국 브로드웨이 42번가의 뉴빅토리 극장에 초대되어 인기를 끈 작품이며 국내에서는 각종 공모에 선정되 는등 마술계에서는 보기드문 새로운 작품으로 인식되어지며 응원을 받고 있다.

그런 작품을 보고 뭔가 허전하고 찜찜함을 감출 수 없는 이 마음은 어떤 것일까?

사실 한국 마술은 세계 최강이다.

예로부터 손기술이 뛰어나 도자기, 옻칠, 금속공예, 무예 등 무수히 많은 손재주들이 있었고 그중 마술도 신라시대 때 궁중에서 음악, 무용과 더불어 "정재"처럼 연희된 바도 있고 조선 중기에 실제 인물인 전우치는 환술을 사용하였는데 도술과 환술, 둔갑술로 부패한 관리들을 괴롭힌 것으로 기록이 되어있다.

또한 버나돌리기, 줄타기, 땅재주, 농악, 판소리와 더불어 남사당패의 정식 연희 종목으로 "얼른"이라는 마술이 존재했었다.

구한말 근대화가 시작되면서 남사당패의 쇠퇴와 몰락은 궁이나 양반집의 잔치마당에서나 볼 수 있었던 환술을 사라지게 했고 6.25동란 이후 서구의 문화 제국주의의 하위 구조로 밀려나면서 마술은 서커스 곡예단과 함께 서양의 기법에 물든 채 대중들을 맞이하게 되었다.

스냅의 마술 또한 이런저런 맥락으로 서구문화의 영향권 속에 들어와있다. 지금 한국 마술의 대부분이 그러하겠지만 최근 들어 역사속으로 사라진 마술들의 복원작업이 공연으로 이어지고 있다.

스냅은 스토리텔링을 갖고 있다. 요정을 통한 에피소드들이 주를 이루고 있는 것을 보면 오늘날의 기준에서 볼 때 허황된 이야기에 불과하지만 도술과 관련된 조선시대의. "전우치전"과 다를 바 없다고 느껴진다.

21세기 문화 경쟁의 구도 속에서 전우치전의 이야기가 의적 소설로 탄생되고 회자되듯이 스냅도 서구의 문화 그늘 속에서 밀려난 고유한 전통 마술을 다듬고 보듬어 세계시장에 선을 보이면 어떨까 하는 바람이 앞선다.

트릭스터가 도깨비가 되어 권선징악을 관장하고 홍길동이 동서남북으로 환술을 펼치며 가난한 백성들을 구제해주는 활약상을 재미있게 그려내어 한국마술의 역사상 최초로 의미있고 진정한 사회적마술이 탄생되어 에딘버러와 뉴욕의 영광을 한국마술의 정체성으로 다시 인식되기를 바란다.

대금소리에
귓전을 기울이다

늘 만나는 후배가 "형님 사는 게 재미가 없어요, 집에 가도 그렇고 직장 가도 그러니" 하면서 삶의 궁색함을 늘어놓은 게 벌써 10년 전이다.

서울서 처음 내려왔을 때의 총명함과 열정은 사라지고 그야말로 무미건조한 생활 그 자체였다.

남들과 비교해도 그다지 부족한 게 없다 보니 악착같은 것은 없고 몸은 0.1t에 가까워 활동이 부자연스러웠다.

부부 간의 갈등이나 자식 문제도 없었다.

"재미는 자기가 찾는 것이지 남이 찾아 주는 것이 아니다"라고 내가 말해도 그는 여전히 손사래를 치며 들으려 하지 않았다.

그러던 그가 어느 날 조심스럽게 말문을 열었다.

"요리를 배우기 시작했습니다." 이 말을 듣는 순간 나는 그만 킥킥거리는 실수를 하고 말았다.

한술 더 떠서 하는 말 "대금 소리가 귓전을 떠나지 않아 수강하기로 했습니다."

몸 움직이는 것을 유난히 싫어했던 그가 여가 활동에 관심을 보인 것이다.

예술은 밥 먹는 것과 똑같다.

밥을 매일 먹어야 키도 크고 힘도 생기듯 예술도 그렇다.

그 예술의 힘은 여가 활동에서 나온다.

예술가들의 대부분은 우연히 시작한 여가 활동으로 오늘날 대중의 사랑을 받고 있다.

누가 알겠는가?

늦게 배운 도둑질 날 새는 줄 모른다고….

사랑은 언제나 아픔에서 시작된다

R씨에게

인간은 태어남 그 자체가 고(苦)라고 합니다. 약간의 희열을 빼놓고는 거의 상처투성이입니다. 몸은 늙고 병들고 마음도 이리 칠 저리 칠 바지 아래 똥칠하듯이 오고 가고를 반복하며 요렇게 저렇게 하며 아파합니다.

누가 때리지도 않았는데 왜 그렇게 아픈지 모르죠. 이놈의 상처는 사람마다 틀리겠지요.

남자는 대부분 아픔을 처리하는데 많이 서툰것 같습니다. 안 만나 준다고 여성의 집을 찾아가거나 다른 방식으로 증오나 복수심을 나타내기도 하지요.

왜 우리들은 사랑의 방정식을 미적분으로 꼬이게 만드나요?
순서대로 풀 수는 없을까요?
서로에게 분노를 주지않고 해원할 수 있는 방정식이 필요하겠네요.

나는 남자로서 여자의 아픔을 속속들이 알지는 못합니다.

그러나 내 지난날의 아픔으로 미루어보아 여자분들의 아픔도 남자의 아픔과 다를 바 없으리라 생각됩니다.

손을 잡고 야반도주하여 아무도 모르는 곳에 가서 "같이 살아요" 라고 다짐을 하지만 이루어지지 못한 참담한 현실로 돌아옵니다. 남자들은 아픔을 잊기 위해 술을 마시고 깊이 취하는 때가 있습니다. 그 결과 돌아오는 것은 더 큰 아픔과 냉소뿐...

그런 면에서 여자들은 현명한 것 같습니다. 여자는 아픔을 피하지 않습니다. 있는 그대로 맨살로 그 상처를, 그 아픔을, 그 고독을, 그 비극을, 그 눈물을, 그 흐르는 피를 송두리째 받아들입니다. 그것이 여자를 그 아픔에서 구원해 줍니다.

오랫동안 그 아픔에 잠겨있다가 문득 눈을 뜨면 세상은 그것만이 전부가 아니며 인생은 한 남자 한 여자만으로 되어지는 것도 아니라는 지혜를 얻게됩니다.

사랑은 언제나 아픔에서 시작되어 약간의 기쁨, 즐거움, 행복감을 동반하여 황홀한 순간을 맛보기도 하지만 그것은 본질적으로 아픔의 변신일뿐 참된 기쁨과 감격자체는 아닐것입니다.

마치 푸른 잔디 사이에 올라와 있는 잡초를 잘라 기분 좋게 쉬고 있다고 생각 되지만 잡초는 며칠 뒤 또 고개를 쳐들고 나를 괴롭히는 것과 같듯이 말이죠...

R씨의 아픔을 어떤 위로의 말로도 그 단어를 찾을 수 없군요.

참된 위로는 깊이 아파하는 것입니다. 아픔을 두려워하여 피하는 것은 더 큰 아픔을 가져다줍니다.

R씨

그대는 어리석지 않습니다. 아픈 것을 아파할 줄 아는 것은 정직한 사람의 행동입니다. 사랑에도 거짓이 없듯이 슬픔에도 거짓이 있어선 안 되기에, 오래오래 아픔을 속속들이 아파하라고 말하고 싶습니다. 오래 아파한 그만큼 그대는 강한 여성이 되어질 것입니다.

<u>R씨의 눈물이 나뭇잎을 단풍지게 한다고 생각하세요.</u>
<u>R씨의 눈물이 가을비처럼 뿌려진다고 생각하세요.</u>

R씨의 눈물이 겨울에 휘날리는 눈발이 되어 한라에서 백두까지 백마를 타고 내 세상을 호령하십시오.

나는 말하고 싶습니다. 사랑하고 다시 사랑하라고…

그래서 무수한 상처의 아픔으로 자신을 단련시킨 후에, 남의 사랑을 존귀하게 받아들일 자격을 갖추라고...

강해진 R씨를 보고 싶습니다........

R씨의 눈물이 나뭇잎을 단풍지게 한다고 생각하세요.

R씨의 눈물이 가을비처럼 뿌려진다고 생각하세요.

강해진 R씨를 보고 싶습니다.

그대여 이제는
내가 드리겠나이다.

우주에서 지구로 그것도 대한민국에 살고 있는 어느 어른들의 몸을 빌려 이 세상에 태어납니다. 온몸에 피를 두르고 태어납니다.

그 어른들은 몸의 적색 피부를 하얀 피부로 이 세상에 내어놓습니다. 그들이 원하든 원하지 않든, 또한 내가 그들을 원했던 원하지 않았던 말이죠...

하늘이 열리고 땅이 생겨 크게 울고 까르르 웃고를 반복하며 자연의 이치에 몸을 맡기기 시작합니다. 10대 때는 어쩌다가 다쳐도 웬만한 것은 툭툭 털어버리면 그만이지요.

20대 부터는 무언가 타인들과 경쟁도 하고 협동도 하지만 치열하게 싸우고 사랑하며 울고 소리치며 산듯합니다.

30대는 제법 몸이나 마음도 자신을 감추고 타인에게 있는척 없는척도 해야하는 형국에 도달하지요. 그러다보니 남보다 조금 나아 보여야되고 있어 보이려고 별난 짓을 많이 하지요. 괜한 객기도 부리고 묘한 수를 부려 보기도 하고요...

40대는 어떤가요? 속세에 찌들어 가는 속도가 눈에 보입니다.

탐욕의 여신에 사로잡혀 때로는 토할듯이 냄새나고 근사하지 않고 은근한 눈빛으로 세상을 봅니다. 이면에 자신만이 아는 가증스러움이 있음을 알면서도 잘도 용서해주며 그러함이 나타나면 언제나 무릎을 꿇습니다. 타인을 속이고 기만하며 이익에 물들어 가는 모습을 발견합니다.

50대입니다. 생활이 좀 나아졌나요? 아니면 더 궁색해졌나요? 직장에서는 나가라고 하고 딱히 할것도 없는 나이가 되어버립니다. 자전거를 타고 전국여행도 해봅니다.

이 사찰 저 사찰도 다녀봅니다. 심야기도도 해봅니다. 철학관에 가서 운세도 빼어봅니다. 근데 말이죠 이게 이렇게 해도 뭔가 나사가 하나 빠진것 같습니다.

50대 지인은 이렇게 하소연합니다. 젊을 때 공부도 열심히 하고 좋은 사람 만나서 연애도 하고 결혼도 해서 사랑하는 사람과 잘 산다. 그런데 그 사랑하는 사람이 나를 품고 있어도 외롭다! 참으로 납득하기가 어려운 대목입니다.

이것이 인간이지요. 인간은 외로운 존재입니다.
그래서 서로에게 위로와 격려가 필요하지요.

새 중에서 가장 작은새이고 1초에 90회 날개짓을 하며 꽃의 꿀을 먹는 <벌새>라는 새는 산에 불이나면 다른 새들은 모두 피하지만 유일하게 <벌새>만이 인근 호숫가로 가서 그 조그만한 체구의 주둥이로 물을 퍼서 불을 끈다고 합니다.

이별은 사랑을 완성하는 미완성 교향곡

지난 여름

쉰 목소리로

내 청춘 다했노라

놓칠세라 힘 주어

하

그리도 씨부렸건만

그대의 흰 손

갈대속으로...

왼쪽 겨드랑이에는 언덕을 끼고 오른쪽 어깨 위에는 촘촘이 붙은 기와지붕을 올려놓고 한 걸음 두 걸음 내딛는다.

뒤이어 총총걸음으로 숨을 말아넣으면 갈대는 손을 활짝 열어 수리성의 목을 휘익 감아 긴 호흡으로 매복한 장수의 예리한 칼날처럼 단숨에 절정의 순간을 내리친다.

사랑은 이처럼 한방에 슝 하다가 또 한방에 띵 한다.

사랑의 완성은 이별이다.
이별은 사랑을 완성하는 미완성 교향곡
사랑이 마냥 황홀하기만 하다면 세상은 아름답지 못할 것이다.

사랑이 그저 달콤한 와인으로만 취해져 있다면 다른 빛깔의 그 어떤것에도 새로운 감격이나 황홀감을 맛보지 못한다.

사랑은 황홀하다.
그러나 언제까지나 황홀할 수 없다.

수많은 유성 중에서 "저 별은 나의 별"처럼 오직 단 한 사람이어야 된다는 절대적 성격 때문에 사랑은 이별로써 그 완성의 맛을 보게 된다.

만일 이별이 없다면 감사와 용서를 못 느끼며 살아갈지도 모른다. 오랫동안 사귄 연인, 함께 오랫동안 살아갈 부부일지라도 매 순간 이별을 가정해본다.

그런 가정때문에 상대의 흠은 나의 용서로 가리고 마음에는 습한 연민의 정으로 목마르지 않고 그대를 감싸주는 사랑의 뉘우침을 가지게 된다.

하물며 이 콩만한 세상에 내용과 형식에 얽어메지 않고 자신의 오감과 적절한 조건만 내세우는 연인들끼리야 이별의 가능성은 더욱 크고 높다.

우리들은 이별 앞에 서면 여태껏 몰랐던 아름다운 모습으로 더욱 진실되고 정직해진다.
곧 그 진실과 정직은 고통을 가져다 주고 눈물을 가져다 준다.

이별은 아름다운 것이다.
이별할 줄 아는 슬기와 이별로 사랑을 완성시킬 줄 아는 용기가 아름다운 것이다.

깊이 슬퍼하고 오래오래 슬퍼했던 이별의 강에는 나일강의 기적처럼 이별을 견디고 다시 일어서는 연약한 무릎의 강한 의지로 지난 날 아름다웠던 꽃구름은 눈물 밴 먹장구름과 여우바람으로 가슴을 치고 그 날을 아름답게 감당하였음에 고마워하리라.

사랑의 힘이 위대할진데 사랑을 완성하는 이별도 위대한 것.
사랑하고 이별하는 그대들에게 위대한 지난 날이 있듯이 위대한 미래도 가져다 줄 것이다.

밤마다 하늘에는

별떼가 떴다 잠기었다.

강가에 비친

그대 흰손자락

이별의 꽃

갈대꽃

사랑학 개론

　　　　사랑이란 시간이나 공간의 차원을 전혀 문제삼지 않음을 잘 알고있다.

그리하여 타임머신을 타고 500년전 한양골에 사는 이조가문의 아리따운 처자에게 청바지를 입은 총각이 스마트폰 영상으로 문자메세지를 써 보낸다는 것은 하나도 이상하지 않다.

누구에게나 가장 사랑하며 아끼는 무언가가 있다.

사람에 따라서는 그것이 보석일 수도 있고, 골동품이기도 하고 또 구체적일 수도 있고 추상적일 수도 있다.

그러나 내게서는 그것이 노래다.

엠티가서 기타 딱 잡고 노래하다 건너편 여학생과 눈이 접히고 이내 단박에 노래는 그녀가 좋아할만 한 러브스토리격의 노래로 변해버린다.

시간은 흘러 생각을 따라가 온갖 구경을 하며 생각속에서 내가 주인공이 되어 그녀와 동화 속의 왕자가 된다.

모든것이 다 이루어져 눈만 껌벅이며 밤을 지새울 수 있어서 좋고 시계 바늘이 아무리 달려도 초조하지 않다.

그렇게 달콤하고 생생했던 그 기억속으로 나는 다시 돌아간다. 그렇다고 젊을 때 흉내내서 가수 오디션 보는것이 아니다.

어느듯 중년이 되다 보니 가슴 그윽한 이야기를 노래하고 싶은 것이다.

"우리 아부지 술 진짜 좋아했다 아이가. 하이고 거다가 여자도 있었다. 그 여자 집이 우리집 밑에 있었다 아이가."

저녁되면 아부지 노래 소리가 들리거든. "노~란 셔츠 입은 말없는 그 사람은" 이렇게 노래하면 우리 집에 들어 오고 "아 노~란" 하고 쪼매 노래를 꺾어 부르면 그 여자집으로 간다꼬 우리 엄마 그라데" 인생후반전 연극(쓰리보이즈리턴즈 대본 중에서) 내용과 같이 아마 나도 아버지 유전자를 받았음에 분명할 것이다.

청년과 장년의 시절,
그렇게 찬란했던 사랑의 시절로 돌아가고 싶다.

길고 험한
고도를 넘어
시공을 넘어

창공이 점지해 준
사연을
기적을

한낱 철없는

타령으로

거절하리오

사랑의 거짓말이

무슨

죄 되길레

숨겨도

숨겨도

떨리는

옥 같은 얼굴

신의 옷자락
"하 늘"

신의 옷자락 하늘

어릴적 자갈밭에 누워서 바라본 하늘...

아버지 손잡고 뒷산 냄새나는 똥 밭에

연 날리며 바라보았던 하늘...

야밤에 산에 올라가

금방이라도 울음 터질듯한 겨울날의 눈밴 하늘...

하얀 목련꽃 눈망울 터져

금방이라도 내 망막을 건드릴것 같은 간질간질 봄하늘...

패배와 절망속에도 야무진 노끈으로

늘어진 어깨를 휘익 둘러 감아 아수라에서 건져와

더없이 명랑한 구름떼의 행진을 독려하는 하늘...

우리 인생 아파하고 기뻐함을 아시는 그대로의 잿빛 하늘...

몹쓸 짓을 하면 불호령과 번갯불로

세상을 갈라놓을 기색의 슬피우시는 하늘...

흰무덤앞 살풀이 소매자락에

슬퍼한 고대여인의 별에 반짝반짝 빛나는 새벽하늘...

기적적인 재회에 흥분하고 있는 나를

토닥이며 타이르는 모성의 하늘...

그 하늘의 빛이 내 곁을 지켜나간다.

하늘은 경험한 적이 없는 기억의 풍경을
오늘도 아무소리 없이 미소 짓는다.

그 하늘의 빛이 내 곁을 지켜나간다.

이거
미친 짓입니더

문득 춤이 추고 싶어졌다.

2002년 6월이었다.

사랑하는 제자들과 15박 16일 동안 동해안을 따라 강원도 고성 통일전망대까지 탭댄스로 춤을 추면서 갔다.

이름하여 '통일로 가는 발소리 대장정'이다.

하루에 32km를 정해놓고 한 명당 오전 4km 오후 4km, 총 8km를 네명이 가기로 결정했다.

탭슈즈 몇 켤레와 앰프, 스피커를 실은 차량 한 대, 그리고 지인들로부터 받은 노잣돈, 춤추고 싶은 열정 하나 만으로 똘똘 뭉친 게릴라 전위대였다.

장맛비를 뚫고 나가면 작열하는 태양이 머리 위로 엄습해 오고 지칠만하면 그늘이 우리들을 반겨줬다.

길을 지나다 "지금 뭐 하는 건교?"하고 물으시던 아주머니들은 시원한 수박화채를 내놓았다.

피로에 무릎이 지치고 온 몸에 파스를 붙여 곯아떨어져 자다가 일어나면 허기진 몸으로 누군가가 발전기를 돌리는 소리에 누가 먼저라고 할 것 없이 춤추곤 했다.

강원도 어디쯤이었다. 탭슈즈 소리가 갑자기 명쾌하게 들린다. 언덕을 지나 은하수처럼 펼쳐진 병풍같이 아름답게 수놓은 물안개가 마치 산등성이처럼 크게 일어나 우리들을 맞이한다. 모두들 탭슈즈를 신은 채 손에는 북채를 두들기며 강원도 아리랑 노래를 부른다.

구멍이 난 슈즈, 근육통 투성이인 몸들, 하지만 누구 한 명도 찌푸리지 않았다. 왜 이렇게 무모한 짓을 했을까?

나는 사실 40대 초반에 탭댄스를 시작했다.

꿈에 나타난 백야영화의 한 장면 때문이다. 미하일 바르시니코프와 그레고리 하인즈 두명의 춤꾼이 주인공이다.

냉전시대때 자유를 찾아 목숨을 걸고 탈출을 시도하는 발레리노와 흑인탭퍼와의 절묘한 만남은 나를 꿈속에서 사경에 헤매게 했다.

나는 꿈에서 깨어난지 얼마 안되어 서울을 매주 상경하여 춤공부를 시작했으나 별 소득이 없어 일본으로 간다. 하지만 내가 바라는 춤의 안무에 대한 그림이 나오질 않자 나는 러시아로 짐을 싸서 본격적인 춤공부를 모스크바와 쌍쩨르부르크에서 하게 된다.

귀국 후 안무에 대한 머리가 열렸음을 알고 곧 바로 제자들과

1년여 동안 연습하여 <탭윙 탭댄스컴퍼니>라는 이름으로 초연공연을 올리게된다. 지금도 생각하면 아찔하다.

2000년도에는 한국에 탭댄스 문화가 정착도 되기 전에 이런 공연을 했으니 성공할 것이라는 생각은 완전히 빗나갔다.

제자들은 대박 칠 것이라는 나의 말만 믿고 일여 년 동안 몸 바쳐 연습했는데 결과는 이렇게...

나는 그들을 다그쳐서 2003년 6월에 <통일로 가는 발소리 대장정>을 부산에서 강원도 황지까지 15박 16일간 춤을 추고 황지에서 낙동강 발원지인 황지연못의 물을 담아 비행기를 타고 인천공항을 빠져나가 연길로 가서 다시 백두산 천지에 도착, 준비한 황지의 물과 천지의 물을 합수하였다.

'통일로 가는 발소리 대장정'의 대단원은 그렇게 끝이 났다.
하지만 20년이 지난 이 시간에도 그 순간을 잊지 못한다.

신윤복은 그렇게 말했다.

'그림을 그리는 것은 그리워 하기 때문'이라고.

오늘도 허전한 마음 한편에는 또 다른 그리움이 남는다.

내 제자의 마지막 한마디, <이거 미친짓입니더>

그래! 나는 미쳤다. 우짤래?

들숨과
날숨의 리듬

1950년대 아수라장 이었던 피란수도 부산의 모습은 더 이상 볼 수 없다.

쇼핑몰과 옹기종기 모여있는 식당가들이 즐비한 중구 이곳에 아담한 사찰이 있다.

사람들의 발을 옮겨놓은 여기는 미타선원.
마음공부 학습자들이 모이고 안내자의 설명과 자기소개로 시작한 명상지도자과정은 3개월간의 여정으로 시작된다.

반야심경, 대념처경, MBSR, 이니어그램 등 낯선 용어들이 휘익 지나가고 "알아차림"이라는 생소한 단어들이 나의 불규칙한 호흡과 함께 지혜의 강을 건너게 한다.

오감의 짜릿함과 그것에 흠뻑 젖어있는 나의 ego는 심한 자괴감을 느끼며 후회하고 반성한다.

왜 그럴까? 누가 나에게 야단치거나 욕을 한 것도 아닌데 .....

얄팍한 지식과 모순된 지성으로 삶을 만끽해왔던 이전의 양식을 비판하며 내 안에 잠든 지혜를 돌볼 수 있는 기회를 가진다.

마음이 고요하고 평화로웠던 적이 있었던가?
타인을 사랑하며 배려하였던가?

질병은 어디에서 왔고 나는 어디로 향하는가? 라는 화두로 공부는 시작된다.

난생 처음으로 '숨'이 아닌 호흡으로 나를 느껴본다.

호흡으로, 오감으로, 온몸을 느끼며 몸에서 몸을, 마음에서 마음을 보고 머물러서 지켜보며 그것이 온전히 나로부터 사라질때까지 지켜보는 것이다.

이 느낌들을 도반들과 함께 경험을 공유한다.

잠시 후 어느 도반은 눈시울이 붉어져 눈물을 흘린다.

수업은 중반부로 들어가면서 심화된 이론과 실습으로 이어진다.

짜증, 화냄, 시기, 질투, 집착 같은 덩어리들은 찰나 찰나 때마다 나타나 언제부터인가 내면에 자리 잡아 순한 양처럼 숨어 있다가 필요할 때면 나타나서 칼춤을 춘다.

이것을 "업식"이라고 하며 우리들은 이 업식에 이끌려 다니지 않기 위해 배움의 길로 나선 것이다.

태어나서 늙고 병들어 죽는 것이 인생이라면 초장끗발 개끗발이긴 하지만 영원한. 자유와 행복을 누릴 것만 같았던 그 젊은 시절의 온전함을 명상으로 다시 이어져가고자 한다.

학습이 진행되는 기간에 나에게 변화가 찾아왔다.
좌선으로 명상을 하는것이다.

왠지 모르게 여태까지 느끼지 못했던 마음의 고요함을 가져본다.

항아리에 작대기가 둥둥 떠있는 형상이 아니라 묵직한 돌이 항아리 밑에 듬직하게 있음을 느낀다.

미타선원에서의 공부를 거울삼아 일상에서도 늘 깨어있는 마음으로 생활하기를 나에게 약속한다.

<u>지혜의 칼로 무명의 풀을 벨 수 있도록</u>
<u>이론적 근거를 제시해 주신 하림 스님.</u>

머리가 맑아질 수 있도록
명료하게 짚어주신 사라수 선생님.

실습때 함께 호흡하며 경청하고
행정편의를 도와주신 정혜정 선생님.

그리고 도반 여러분들과 함께한 추억, 잘 간직하겠습니다.
모두들에게 감사드립니다.

108배와
명상

 "108배와 명상"이라는 주제를 가지고 몇몇 지인들이 마음공부를 하자고 한다. 사실 108배는 108번 절을 하는것이다. 근데 왜 108번인가 하고 물어본다. 108배는 108번뇌를 속죄하기 위해 절하는 것이다.

 우리들이 일상생활 속에서 스트레스(번뇌)는 타인들과 다툼이 일어나거나 내 생각 지 생각, 내 의견 지 의견이 다를 때 스트레스가 생긴다. 즉 욕구가 서로 다르기 때문에 미워하고 등 돌리고 헤어지고 그렇게 산다.

그러려니 하고 그냥 받아주는게 쉽지가 않다. 번뇌(스트레스)는 생각을 먹고 산다. 그런 번뇌는 원인에 따른 결과로 나타난다. 모든 것의 결과는 반드시 원인이 있기 때문이다. 이 원인의 기반이 되는것은 인간의 육근(六根)에 그 기초를 두고 있다.

육근은 시각, 청각, 후각, 미각, 촉각, 생각 이라는 6가지 감각을 말한다. 이 감각들은 어떤 대상을 만나면 분별심이 일어난다. 좋거나, 싫거나, 좋지도 싫지도 않는 형태...

이 세가지 형태는 다시 집착하거나 집착하지 않거나의 형태로 분류되며 이것들은 과거, 현재, 미래로 나눈다.

즉 6(육근)×3(분별심)×2(집착)×3(과거, 현재, 미래)=108이 된다.

우리가 레스토랑에서 맛있는 식사를 할 때에도 이 육근은 활발하게 작용을 하며 만약에 좋다면 다음에 또 오고 싶어하고 이와 같은 행동은 과거에도 있었고 현재, 또 미래에도 일어날 것이다.

만약 사람을 대상으로, 어떤 여성을 보고 좋아하고 계속 같이 있고 싶어하고 미래에까지 유지 시키고 싶어할 것이다. 이런것이 원인이 되고 갈증의 폭이 깊어지면서 번뇌가 일어나는 것이다.

이 세상 모든 것은 영원함이 없고 작용을 통해서 변한다는 사실이다. 하지만 많은 이들은 나의 사랑은 변하지 않는다고 믿고 있다.

이런 사랑을 겪은 사람들은 많이 슬프하고 아파하여 그 대상이 육근으로 다가오면 그 상처의 흔적이 남아있어 작용을 거부하는 이들도 있다. 우리 인간들은 죽을때까지 번뇌가 온다.
그러나 번뇌가 무서워서 아무것도 하지 않는다면 무슨 의미가 있는가.

하루살이는 밤을 잘 알지 못한다. 인간은 하루살이가 아니라서 봄밤, 여름밤, 가을밤, 겨울밤, 혹독한 밤, 비 내리는 밤, 눈 내리는 밤, 사랑하고 싶은 밤, 담배 피우고 싶은 밤, 춤추고 싶은 밤 등 헤아릴 수 없는 많은 밤들이 있는 것과 같이 아름답다.

번뇌라는 스트레스를 명상으로 참선하고 내가 어려움에 처해있을 때 행복한 자의 행복한 순간을 위해서가 아니라 힘든 자의 힘든 순간을 위해 존재하는 신.

그 신은 힘든자의 눈물을 외면하지 않고 신의 자리에서 인간의 자리로 몸을 낮추어 오심을 믿어 의심치 않으리라. 신이 몸을 낮추듯이 108배로 나를 낮추고 낮추이다.

안녕 그대

봄이 시작되었다.

얼어붙었던 하얀 피가 붉은 피로 바뀌는듯하다.

이즈음 나는 항상 가까운 벗들과 음주가무를 즐기곤 했다. 요즘은 저녁을 먹고 나면 과거처럼 허물없이 만나 차 한잔하고 혹은 술잔을 기울일 수 있는 친구가 그립다.

옷을 입은 채로 머리를 감지않아 조금 이상해 보여도 흉보지 않을 친구가 곁에 있었으면 좋겠다.

달이 누렇게 떠 있을 때도 비가 온 뒤에도 그에게 전화 걸어 만날 수 있는 친구.

밤늦게 까지 내 마음을 활짝 열어놓고 누구누구의 뒷담화를 나누어도 말이 날까 전혀 걱정되지 않는 친구......

만약 우리들이 늘 가족하고만 사랑하고 산다면 어찌 행복해 질 수 있을까?

그가 남성이든, 여성이든, 나이가 많든, 적든간에 그의 사람 됨됨이가 은은하며 맑은 강처럼 깊이있고 예술과 인생의 참됨을 알 수 있는 사람이면 족하다.

그가 반드시 백구두와 머리에 차르르한 기름기가 없어도 되며 잘 정리된 파마머리와 붉은 립스틱을 하지않아도 그저 수수한 모양새이면 좋다.

기분 안좋을 때 가끔 나에게 큰소리치며 신경질을 부려도 그것이 애교스러우면 괜찮고 나의 분별심과 변덕에도 적절히 맞장구치며 나중에는 유연한 한마디로 나의 무지와 어리석음을 알려주는 충고도 아끼지 않았으면 한다.

나는 많은 사람을 알고 있다. 하지만 알고 있는 모든 사람을 깊이 있게 사귀지는 않는다.

죽을 때까지 한 두사람과 눈빛만 보아도 혹은 미소만 지어도 아름답고 향기가 있는 인연으로 남기고 싶다.

나는 친구 그 자체가 좋다. 무조건적이며 이해와 타산을 넘어선, 무모하리만큼 친구의 우정을 믿어주는 그 벗이 좋다.

나는 그 벗을 벗 삼아 그곳으로 돌아가고 싶다. 그 자리로...

나는 될수록 정직하게 살고 싶고 내 친구도 그러했으면 하고 약간은 거짓의 탄로도 유머스럽게 넘어서는 재치가 있었으면 한다.

안.녕.그.대

바람에 꽃비 아스라이 내린날

온 세상이 하얀 그대 웃음 같던 날

벚꽃 나무 아래 그대 내 가슴에 담았지

청춘은 약속도 없이 바람처럼 흐르고

낯선거리 유리창엔 낯선 내 모습

가지않는 길은 미련 혹은 그리움

꽃이 질땐 어쩌다 그대 생각이나

내 청춘의 뒷모습

그대는

그대는

안녕하신지

- 연극 쓰리보이즈리턴즈 중에서 작사 :김기영, 작곡 : 안영수, 노래 : 강열우

사람이 무서워
사랑을 못해도
못난 사랑이라도 사람과 사랑하리라

      옛날 고구려에는 결혼을 위해서 처녀와 총각은 서옥(壻屋)이라는 초막을 지어 동거하는 절차를 밟는 풍속이 있었다고 한다. 두 사람 사이에 아이가 생기면 비로소 서옥을 떠나 정식으로 혼례를 올리고 부부가 됨을 선포한다고 한다.

  요즈음 나는 자주 20대에 걸쳐있는 젊은 친구들과 결혼이나 역사인식에 대해 이런저런 얘기들을 많이 나눈다.

  나는 60대이다 보니 베이비부머로서 앞만 보고 달려갔던 부모들의 산업사회를 보고, 그러면서도 군부독재 속에서 데모와 투쟁, 또한 치열한 사회경쟁속에서 살아남기 위한 생존의 모습, 캠퍼스의 낭만 이면에 공단에 있는 시다언니들의 삶을 정반대로 맞닥뜨린 모습들을 지켜보았다.

한쪽은 자유민주주의, 다른 한쪽은 반공사상을 강조하며 첨예한 대립양상을 가져왔던 지난날들을 떠올려본다.

그 와중에 서 있는 젊은이들은 어떤 느낌으로 이 사회를 보고 있는지가 참으로 궁금했다.

"저희들 결혼 안 할거에요, 결혼할려면 비용이 기본 4천이죠. 집 사야되죠. 뭐 먹고 살아요?"

"만약 결혼해도 40대 이후에 생각해보고 아이는 안가질겁니다" 라고 넋두리를 그렁그렁 한다.

관심사는 주거문제, 먹는문제, 입고 치장하는 것들, 그 다음으로 결혼이지만 아무래도 의식주에 밀려서 순위에 들지는 않지만 여전히 관심은 많다.

하지만 연일 걱정되는 것은 사람이 무섭다고 한다. 매체를 통해서 접하는 것이지만 데이트 폭력, 스토크를 통해 빚어지는 살인사건이나 관련 소동들이 끊이질 않고 보도되는 것을 보고 질겁을 한다.

이런 현상들을 자세히 살펴보면 사람들이 자본주의 사회에서 길들여진 <의식주>에 과다하게 매몰되어 있기 때문은 아닐까?

많이 모여서 많이 만들어 먹고 쓰고 많이 버리고 하는 습관들은 물건 뿐 만이 아니라 사람들에게도 적용되는 것 같은 느낌이다.

결국 데이트폭력이나 스토크는 자신의 소유욕구를 억제 못하여 카드빚을 내더라도 쇼핑하는 버릇처럼 사람에게 그대로 적용하는 것이다.

요즘 우리사회에 젊은 세대뿐만이 아니라 기성세대에도 반짝 깨지는 사랑하다가 진짜로 깨지는 부부가 얼마나 많은가.

같은 집에 살고 있어도 남보다 못한 부부, 그러다 주말부부 택하는 부부, 졸혼, 이혼, 심지어 황혼이혼까지 ....

처음에는 누구나 다 사랑해서 결혼하지 싫어해서 결혼한 사람은 아무도 없을 것이다. 여기에서 하나 놓친 것은 연애하고 결혼은 다르다는 사실이다.

연애당시는 조금이라도 실수 하지 않고 좋은 모습 보여주려 하지만 막상 같이 살다보면 또 조금 친해지면 말도 조심하지 않게 되고 심지어 행동 또한 거침없이 하게 된다.

고구려의 서옥풍습처럼 우리 젊은이들이 자유스럽게 만나되 서로를 존중하며 건실한 만남을 통해 서로의 다른점을 존중하고 같은 점을 공유하여 그들의 좋은 에너지가 사회에 선한 영향력을 조성하는데 한 몫을 하고 또한 그들을 통해 자손이 연결되고 새로운 공동체를 열결한다면 우리들의 사회가 좀더 인간적이고 매력적인 삶을 만들어 나갈 수 있다고 생각한다.

시장에 가면 빈 장바구니를 옆에 찬 아주머니들, 구성진 목소리로 손님들을 부르고 값을 흥정하는 좌판 아줌씨들, 리어카에는 굵은 무우들이 누워 있고 여기저기 생선이며 튀김이며 맛좀 보라고 사람들을 유혹하는 고향의 소리...

이것이 사람사는 세상이며
사람 사랑하는 기본적인 "결"이 아닐까 생각한다.

시장에서처럼, 만나지만 흥정이 끝날 때 까지는 서로가 적절한 말과 행동으로 합의가 되어야 그 흥정이 비로소 성사 되는 것처럼 우리들의 사람 사랑하는 방식도 사람이 무서워서 사랑하지 못하는 사회가 아닌 모든 사람이 그저 내게 살아갈 용기와 삶의 향기와 아름다움을 보여주는 그런이들 이기를 바란다.

내 고향에서 고향 사투리를 만나며 고향 시장에서 만나는 단발

머리 친구들을 만나듯 이제 우리 사회는 이런 향기를 젊은이들에게 내어 주어야 한다.

꼬마 대통령

1960년대 어느 초등학교(그때는 국민학교라 불렀음) 운동장. 모래바람을 가로질러 공을 이리굴리고 저리 굴리며 친구들과 축구하다 한 놈이 넘어지면서 싸움이 벌어지고, 저쪽 한켠에서는 수돗가에서 배가고파 도시락을 못싸온 아이들이 모여 허기를 달래느라 수돗물을 벌컥벌컥 들이마신다.

또 한쪽에서는 동전을 가득들고 한 놈이 주먹에 동전을 넣고 손을 내밀면 일제히 본인들이 생각했던 손 안의 동전 갯수를 맞추는 일명 "짤짤이"를 하고 있다.

돈깨나 있는 집안의 아이들은 교복 호주머니에 "김일성 과자"라는 기름에 튀긴 고구마 과자를 아이들에게 보란 듯이 씹어대며 위세를 부린다.

잠시 후 운동장에는 "동작 그만"과 같은 신호의 종소리가 울려펴지면 모두들 쏜살같이 피라미 새끼들 마냥 자기 동굴 속으로 들어간다.

한 반에 50에서 64명까지 수용했던 초등학교 교실은 모두들 아이들이 콩나물같이 빽빽하게 모여 있다고 콩나물 교실이라고 불렀다. 극중 인물의 주인공이자 콩나물 교실의 대장격인 "쌤"이 등장한다.

문을 열고 한손에는 횟초리, 한손에는 출석부 그리고 그의 간드러진 목소리. 그런데 오늘은 주연배우가 엑스트라 한 명을 데리고 나타났다. 얼굴은 조금 크고 잘먹어선지 조그마한 놈이 배도 좀 나왔고 야무지게 보였다.

곧이어 주연배우의 상황설명이 시작된다. "에~ 이 아이는 에~이 아이로 말하자면"하면서 계속 뜸을 들인다.

"예 저는 이 학교 건너편 담배가게 옆 골목에서 100미터 정도가면 만두가게가 있는데 그 집 옆에 작은 파란 대문이 있는데 그집에서 엄마하고 둘이서 세들어 살고 있는 OOO입니다.

잘 하는 것은 많이 없지만 뚝심이 좀 있어서 공부 열심히 해갖고 대통령 한번 해볼랍니다. 여러분들 그때 좀 많이 도와주이소. 그 라고 잘 부탁합니데이".

엑스트라 배우의 거침없는 발언에 63명 모두 넉다운 당한것처럼 할말을 잃었다. 그리 길지 않은 아니 너무나 짧고 간결하게 자기를 표현하는 그가 나는 신기해보였다.

그의 별명은 "꼬추장"이었다.

꼬추장은 학교생활 때 결석은 없고 출석 100%에 사귐성이 좋앉고 시험칠 때면 아이들을 가르쳐주며 누군가 약한 아이를 괴롭히면 끝까지 그 아이를 응징하는 우리들의 언덕이었고 든든한 빽이었다.

인근 학교에서 시비를 걸어오면 유연한 말과 성격으로 그들을 친구로 만들어 버리는 탁월한 재주가 있는 선하면서도 단호한 우리들의 꼬마 대통령이었다.

2022년 3월 9일 대한민국 제20대 대통령 선거가 끝이났다.

국민의 힘 윤석열 후보가 민주당 이재명 후보를 제끼고 대통령에 당선되었다.

"선거는 축제다"라는 말이 있다. 축제의 핵심은 일상에서 벗어나 특정한 시기에 특정한 주제를 가지고 시작에서 부터 끝날 때까지 어떤 판을 만들어 달성하고자 하는 목적을 향해 신명성과 즉흥성, 현장성 등을 중시하는 만남의 장이고 그야말로 웃음과 긍정으로 무의미한 현실감과 무력감을 치유해주는 폭발력을 가지고 있다.

　악은 덜어내고 선한감정으로 모두를 대하는 축제는 선거에도 예외는 없다. 국민들을 이끌고 대한민국을 새롭게 도약시키고 발전시키는 과정은 정말 축제임이 틀림없다.

　유세차량에서 음악이 흘러나오고 운동원들의 발랄한 춤은 시민들의 발걸음을 멈추게 하는데 충분하다.

　이렇듯 선거자체는 축제와 많이 닮아있다. 그런데 현실은 그렇지않다. 이팀 저팀으로 나뉘어 서로를 향해 총부리를 겨누듯이 쏘아댄다. 거기에 시민들도 지원군이 되어 각자 진영에 서서 고사포도 마다하지 않는다.

　거기에다 언론도 편이 나뉘어 뒤질세라 박격포를 쏘아올리며 선거 분위기 띄우기에 열을 올린다.

　이러다보니 내 편과 네 편으로 나뉘어져 전쟁을 방불케하는 선거가 되어버렸다.

선거가 끝이 났다.

<u>이긴자는 기쁨을 진자는 슬픔을 맞이하겠지만 이또한 지나가는 과정에 걸쳐있는 것이다.</u>

침팬지와 인간이 일대일로 맞짱을 뜨면 단연코 침팬지가 이긴다. 그런데 집단으로 싸우면 인간은 놀라울만큼 협동을 잘해 서로를 도와 반드시 침팬지를 이기고만다.

코로나 속의 선거는 참으로 우리들에게 많은 교훈을 남긴다.

진자든 이긴자든 모두들의 어깨를 다독이고 이땅에 모질게 버티고 있는 사람들의 마음을 어루만지고 치유하는 시간들이 필요할 것 같다.

오늘따라 유난히 정의에 불타 어쩔지 모르는 우리들의 꼬마 대통령 꼬추장이 보고 싶다.

사랑하는 이와
혼인하라

신랑 OOO는 신부 OOO를 사랑하는가? 예

신부 OOO는 신랑 OOO를 사랑하는가? 예

친구, 친지들을 모신 자리에서 둘은 주례사의 온갖 좋은 말과 이 세상에서 듣도 보지도 못한 말들로 눈시울을 붉히면서 평생을 동고동락 할 것을 합의 한다.

반지와 시계를 주고받고 열렬하고 화려한 치장의 레이싱카를 타고 신혼여행을 떠난다. 아~ 여기까지는 비교적 순탄하게 넘어간다. 이제 전혀 다른 세상에서 살다가 같은 세상으로 살자고 만난 이들의 무대가 펼쳐진다.

 공주처럼 살고 싶다던 그녀의 손에는 주부습진과 김치 냄새 풍기는 굵어진 손마디 그리고 찾아온 나만의 시간. 그것도 곧이어 그를 맞이해야 하고 그를 위한 식사와 그를 향한 연민으로 하루를 보내야만 하는 궁상스러운 내 모습...

 전쟁에서 승리한 용맹스러운 장수처럼 창을 들고 백마를 타고 등장하려 했던 그의 눈에는 그를 왕자의 자리로 만들어 주겠다고 약속한 아름다운 그녀의 따뜻한 미소와 건네지는 말한마디는 온데 간데 없고 연탄 한 장 넣지 않아 싸늘한 냉기가 가득한 방안의 공기마냥 두 손을 겨드랑이에 낀 채 검찰수사 하듯 고압적인 말과 행동들...

 곧이어 둘의 냉랭함에 휴전의 기회를 제공이라도 하려는 듯 등장하는 우리들의 오 마이 베이비...

검은머리 파뿌리 되려면 적어도 4~50년은 걸린다.

근데 겨우 2~3년 살고 유통기한 지난 물건 마냥 방구석 한켠에 처박히듯이 내동댕이 처진다.

결혼이란 해도 후회, 안해도 후회라고 많이들 말한다.
사실 지금이야 결혼이라는 것이 필수가 아닌 선택과목처럼 되어 버렸지만 젊을 때 뜨거울 때 만나서 지지고 볶고 하면서 아이도 낳고 그럭저럭 살다가 검은 머리 파뿌리처럼 늙어가서 긴 해변가를 둘이서 손잡고 살아온 날들 품위있게 나누며 한 생을 마감하는 그런 모양새를 누구나 꿈꾸지 않는가?

어느 누가 후회하는 삶을 살려고 하는가?

그런데 지금은 후회함이 너무 아파 아예 결혼 조차 스스로 박탈해 버리는 젊은이들. 또한 결혼은 했으나 왜곡된 삶의 자리에 서있는 기성세대들.

결혼... 그것은 봄·여름·가을·겨울처럼 계절과 같은 것이다.
적당한 시기에 씨뿌리고 가꾸어 수확하고 그것을 또 나눔하며 기다릴 줄 아는 그런 것이다.

특별하지 않다.
내 상대는 나에게 특별할 것이라는 생각으로 만나지만 인간은 같이 모여 살면 정말 치사하고 졸렬하기 짝이없다.

그럼에도 불구하고 우리는 만난다. 그리고 사랑하려 한다.

가만히 들여다보면 다들 측은해보인다.
그들도 나도 모두 그렇다.
그리하여 주문한다. 사랑하라.

후회해도 좋다는 심정으로 비현실적이고 비상식적이라도 인생의 소중한 진실은 남겨두고 사랑하는 이와 혼인하라.

신은 당신의 그 멋과 아름다움에 영광을 보낼 것이다.

가만히 들여다보면 다들 측은해보인다.

그들도 나도 모두 그렇다.

그리하여 주문한다. 사랑하라.

행복찾아 삼만리

요즈음 유튜브나 케이블방송에서 먹방 프로그램이 인기다. 이것 저것 섞어서 여러명의 패널들이 먹어보고 감탄하며 아~ 정말 맛있다. 이런 행복을 왜 몰랐을까 하며 그것도 소리를 최대한 내면서 게걸스럽게 먹는다.

이 먹방 프로그램을 직업적으로 하는 유튜브들은 음식을 계속 집어넣다가 피똥을 싸거나 병원을 찾는다.

이런 음식을 먹고서도 행복하다고 말을 한다.

명동성당 앞을 지나다가 예쁜 여자를 보고 아~ 저런 여자와 같이 사는 놈은 얼마나 행복할까!

　24시 편의점 앞에 로또복권을 사려고 줄을 서있는 사람들 모두 "아~ 내가 10억만 당첨되면 얼마나 행복할까!"

　아~우리 마누라 잔소리만 없으면 얼마나 행복할까!

　아~우리 신랑 월급봉투가 쪼매만 더 두툼하면 행복할것 같은데…

　우리 애가 저 대학만 딱 들어가면 내가 행복하겠는데…
　내 연봉이 어쩌구 승진이 어쩌구 저쩌구 하며 각자 빈곤한 핑계와 태도로 행복을 구하려 한다.

　이 모든 것이 뜬구름 잡는 이야기인데 많은 허황된 자들은 이런 궁색함을 늘어놓는다.

　이 세상에는 행복도 없고 불행도 없는 것이다.

설령 있다고 해도 그것은 계속 유지되지 않는다.
인간이 만들어 낸 개념에 불과한 것이다.

그럼에도 불구하고 인간은 행복해지고 싶어한다.

행복하다라고 하는 것은 어떤 상태에서 기분이나 감정이 좋음을 말하는 것인데 이 기분이나 감정은 저절로 형성되어지는 것이 아니라 어떤것들과의 상호 작용에 의해서 만들어지는 것이다.

월드컵에서 한국선수가 중거리 슛으로 골을 넣었을 때 터지는 환호성의 상태는 자제할 수 없는 성욕이나 식욕으로 인해 발생되는 "엔돌핀"과 같은 호르몬이 분비되는 것이다.

엔돌핀은 순간의 좋은 감정이 솟구쳐 올라와 쾌감과 흥분을 가져다주지만 중독성이 강해 자칫 위험할 수 가 있다.

클럽이나 야구장 같은 곳에 가면 종종 발견할 수 있다.

고로 우리들은 음식을 게글스럽게 먹기 위하여 맛집을 간다든지 현실의 불편함을 채워서 만족함을 가지려고 하는 행복은 영속성이 없는 단발의 엔돌핀과 같은 것이다.

흥분과 쾌감 위주의 감정상태가 아니라 차분하면서도 안정감을 주는 감정의 상태야말로 잔잔한 행복의 상태에 도달하는 것이 아닐까.

너무 좋아서도 기쁘서도 아닌 너무 슬퍼서도 너무 싫어서도 아닌 묵묵한 기분의 감정상태. 그럴 때 분비되는 호르몬이 바로 <세라토닌>이다. 이것은 뇌속에서 분비되는 신경물질 계통의 호르몬인데 이놈이 바로 기분을 조절하여 행복감을 느끼게 한다.

이놈은 언제 분비되는가?
현대인들은 먹기는 많이 먹는데 많이 씹지를 않는다. 이것은 오래 씹어야 호르몬이 분비된다. 오래 오래 꼭 꼭 씹으면 많이 먹은 사람보다 훨씬 기분이 좋아짐을 알 수 있다.

사실 많이 먹으면 기분이 나빠진다는 사실을 누구나 다 알고 있지 않는가?

그리고 어떤이들끼리 싸우다가도 크게 심호흡을 세 번정도 하면 바로 안정을 찾는다.

<u>그렇다 심호흡이다.</u>
<u>그냥 숨쉬는 것은 크게 도움이 되지 않는다.</u>

바람을 배 밑까지 보냈다가 내 뱉는 것이다. 이렇게 함으로써 세라토닌 호르몬이 생산되어 기분이 좋아짐을 느낄 수 있다. 평소에도 심호흡을 하는 것이다.

또한 걸어보자.
지하철이 있다면 직장까지 바로가지 말고 그 앞의 승강장에서 내려 직장까지 걸어가는 것이다.

거꾸로도 해보자.

직장에서 출발하여 집까지 간다면 그 앞의 정거장에 내려 집까지 걷는 것이다.

걸으면 이 세라토닌 호르몬이 분비되어 직장이든 집이든 도착을 하면 얼굴에 환한 미소로 사람들과 마주할 것이다.

생활 중에 계단이 있으면 아휴 계단이야? 하지말고 계단님 감사합니다. 나를 걷게 해주어서 라고...

아파트에 산다면 15층 20층은 걷는 것이다. 집까지 차타고 왔으니 계단을 걸으면서 계단아? 고마워! "너 덕택에 오늘도 행복해"라고 말이죠...

한꺼번에 휙 ~ 하고 오는 <엔돌핀> 한꺼번에 부웅~ 하고 가버리는 <아드레날린>이 아닌 <세라토닌>으로 행복을 만드는 것이다.

행복을 느끼게 하는 세라토닌은 돈, 승진, 사랑, 합격 등등 보다는 일상에서 많이씹기, 자주걷기, 심호흡하기, 명상이나 예술적 행위 등을 통해 세라토닌의 극대화를 도모할 수 있다.

"행복하고 싶어요" "행복했으면 좋겠어요" 이런 말을 우리들은 늘 하지만 아주 먼 나라의 얘기처럼 어려워한다.

부부, 친구, 선후배 등등 사람과의 관계를 잘하는 것도 세라토닌의 호르몬 분비가 잘 조절되어야 대화도 술술 풀려 서로 양보하고 이해하는 관계가 되어 신뢰할 수 있는 관계가 될 것이다.

스트레스는 세라토닌 호르몬 분비를 억제하므로 대화를 통해 서로간에 마음의 상처 주는 언어는 삼가해야 할 것이다.

이제 행복은 특별함 속에서 어렵게 찾는 것이 아니라 나의 일상 생활에서 쉽게 할 수 있는 것이니 이제 힘주어 말하리라.

오래 씹고 걷고 심호흡하여 그대와 환한 얘기 나누리라!!!

나는
시골에서 성공했다

자~ 부채를 잡고 굿거리로 몸을 실어 뒤로 걷는다. 하나 두울 세엣 네엣... 아이고 내가(이도령역) 이걸 해봤나? 걷는기 와이래 힘드노... 참말로 걷는거 춤으로 표현하는기 이리 힘드나?

양손을 서서히 뿌리고 이도령을 유혹한다는 느낌으로 춤을 춘~다~, 잔걸음으로 짧게 두~울 셋 넷(춘향이의 춤동작)

누구 보는 사람 없지~ 응~, 참말이지~ 아 그렇탄께, 진짜루 아무도 없~지, 아~ 싸게 말혀~ 하고 향단과 방자는 마침내 사랑을 찐하게 나누려는 참인데 그때 암행어사 출두요~ 하니 판이 깨져버렸다...

2022년 5월 28일
우리 매곡마을 주민들은 단오굿 축제속에서 마당극을 하기로 하였다. (나에 의한 일방적 합의)

사실 시골마을에서 아니 그냥 소시민으로 살아온 도시인들도 마찬가지듯이 연극 배우 한번 해본 사람이 몇이나 될까?

연극공연 조차도 본 적이 없는 그야말로 때묻지 않은 깔끔한 사람들과 한판 쎄게 놀아보려고 대본을 외우고 너름새를 익히고 발림을 하며 춤과 우리 장단에 덩실덩실 하루하루 채워나간다.

몸이 어색하여 따로 연습이랍시고 모여서 어색한 미소 날리며 서로 "잘한데이 야~ 니는 배우 해도 되겠다. 고마해라~ 충분하다~" 격려로 서로를 다독인다.

2016년 내가 이곳에 이사 처음 와서 벌인일이 마을신문 만들기 였다.

"우리가 신문을 만든다꼬예?"
"그냥 살면 되지 신문은 웬 신문~"

2017년 "자~ 마을 풍물패를 만드입시더~" 덩 기덕 쿵 따르르르

시작하더니 어렵다고 빠지고, 바쁘다고 빠지고
삐껴서 빠지고, 이렇게 빠지다 보니 이제는 10명이 남았다.

"자~ 어르신들 장수사진 찍어드리께예"하며 모두들 마을회관에서 꽃단장하고 우아하고 늠름한 포즈로 사진촬영.

이후 품위있는 액자에 곱게 담아 선물로 드렸다.

2020년 봄
"우리 축제를 한번 해보입시더" "어떤거예?"

"5월 단오에 세시풍속 맥잇기 사업으로 단오굿 축제 한번 해보입시더".

이까지 오는데는 매년 정월 대보름 맞이 마을 지신밟기 하면서 장단이 몸에 붙기 시작했다.

마을의 크고 작은 가게와 주택을 돌며 우리들은 마을 골목길을 똥싸는 놈 까뭉개듯이 가락을 휘잡고 돌아다니며 비나리와 성주굿, 그리고 판굿놀음을 해왔다.

이런 공력을 바탕으로 단오굿을 하게되었다.

사람이 태어나 성장하고 결혼하고 애낳고 늙어가다 죽기만 한다면 무슨 멋과 맛이 있을까?

살아가면서 쪼매 폼나게 살아야 되지 않을까~하고 나는 늘 되새긴다. 그렇다고 특별하게 살고자 하는것도 아니다. 그저 화단에 있는 여러 꽃들과 나무가 어울어져 있는 것처럼 이렇게 모여서 옹기종기 나누어 보는 것이다.

내일은 언제나 올 것 같지만
경우에 따라서는 오지 않을 수도 있다.
이들과 함께 한 시간은
먼~ 훗날 나에게 소중한 눈물로 간직될 것이다.

잔소리는
서로를 적으로 만든다

    나는 아버지에 대한 기억이 거의 없다. 청년시절 군입대를 원했지만 국가에서는 나를 "부선망 독자"라는 딱지를 붙여 홀어머니가 연로하니 같이 돌보며 생활하라는 것이다.

  아버지를 여읜 어머니의 나이가 60세 이상이면 독자들은 군입대가 면제가 되는 시절이 80년대 일이다. 누나들만 5명이다. 6번째 내가 태어났다. 다들 이런말을 한다. "귀하게 컸겠네요" "귀여움 받으셨겠어요".

나는 말을 않는다. 어릴적 돌이켜보면 어머님 포함해서 집에 여자만 6명이다. 한마디씩만 해도 이건 어린 나에게 훈육은 커녕 "잔소리" 그 자체이다. 한말 또 하고 뒤 따라 다니며 또 말하고 이말 저말 들으며 컸으니 그 상처가 표현만 안했지 깊이 박혀 있고 그 트라우마가 아직 진행 중이다.

아무리 같은 종족, 혈연 친척, 친한 친구라 해도 서로 가치관이 다르니 100% 맞는 사람이 있으면 그건 이상한 일일 것이다.

70억 인구 모두가 생긴 모양이나 색깔이 다르듯이 생각의 패턴이 전부 다르다.

때론 누군가가, 때론 내가 남편에게, 아내에게, 친구에게 그럴듯한 이론으로 중무장하여 자기나름식의 이상적인 방법이나 행동을 상대에게 권유 아닌 요구를 한다는 것은 "상대가 그렇게 하지 않고 있다"는 뜻이므로 당연히 그 요구에 대해 "네~알겠습니다...그렇게 하지요~"라고 받아들이는 사람은 잘 없다.

"일찍 다녀라" "내 심심하니까 놀아줘" "공부해라" "이것부터 먼저해" "옆집 아저씨 봉급은 이런데 당신은 쥐꼬리만큼..." "옆집 아줌마는 화장도 에쁘게 하는데 당신은 머리 꼬라지가 왜그래~ 뭐~ 꼬라지~" 하며 잔소리에 잔소리가 더해 격한 감정까지 얹혀진다.

 잔소리 하는 사람이나, 그걸 받아 들이는 사람이나 모두 제각각이다. 어떤 경우에는 싫은 소리, 짜증나는 소리, 미운 소리이겠지만 해석하는 사람에 따라 걱정의 소리로 수긍하는 사람도 있어서, 상황마다 입장의 차이가 다양하다.

 어릴적이야 내면이 성장 중이므로 부모들이 이런저런 잔소리를 늘어놓아야 올바른 습관에 영향을 줄 수 있다지만 문제는 결혼한 부부들의 관계에서는 훨씬 심각하게 나타난다.

 "당신은 먹는게 꼭 돼지 같다" "그 사람은 돈도 잘 벌고 인물도 좋고..." "누구누구는 이런데, 당신은 왜 그렇게 못해"부터 시작해서 "당신이 인간이야" "짐승보다 못하게~" "당신 같은 사람 처음 본다"

이런 잔소리로 시작하여 심하면 폭언과 폭행이 이루어지고 심지어는 존속살해까지 자행된 경우를 우리들은 미디어를 통해서 알고 있다.

이제 성인관계에서는 적어도 "잔소리적 관계"로부터 자유로워야 한다. 그저 필요하면 그냥 툭툭, 보이는데로 , 느끼는데로가 아니라 진정으로 인식을 같이하는 말투, 문제해결에 도움이 되는 의논은 얼마든지 괜찮지 않을까?

"잔소리"란 쓸데 없는 말 혹은 필요 이상으로 듣기 싫게 꾸짖거나 참견하는 것을 말하는데 상대방이 누구이든간에 그 어떠한것도 꾸짖으면 유쾌하고 기분좋게 받아 들이지 않는다.

일하고 돌아오는 남편에게 수고를 덜어주는 언어로, 하루종일 바쁜 일과로 지쳐있는 아내에게 위로의 말로, 친구의 어깨를 토닥이며 힘내라고 건네는 말, 사랑하는 애인에게 신뢰가 가득한 눈빛으로 서로 마주하고 서로에게 존중감을 느끼게 하는 조언으로 조금은 풍요롭고 여유로워졌으면 한다.

연약한 날개쭉지로 서로 의지하고 살아가는 작은새들 마냥 의미와 보람이 있는 따뜻한 말 한마디... 오늘도 건네길...

"고마워"라고...

사는기 뭐 별거있나

바빠보인다

뭐가

여의도 사람들

바빠보인다

뭐가

새벽녘 공판장 사람들

있어보인다

뭐가

해운대 클럽에 줄 서 있는 애들

있어보인다
뭐가
스쿨버스 타려고 줄 서 있는 애들

참 부럽다
뭐가
시의원 5선 당선

참 부럽다
뭐가
시골학교 반장 선거 당선

참 좋겠다
뭐가
잘 나가는 직장 있어서

참 좋겠다
뭐가
정년 없는 프리랜서라서

참 좋겠다

뭐가

높은집에 세들어 살아서

참 좋겠다

뭐가

높은집에 새들과 살아서

굉장하네

뭐가

가진게 돈밖에 없어서

굉장하네

뭐가

가진게 빚밖에 없어서

진짜네

뭐가

주식해서 돈 벌었다고

진짜네
뭐가
귀촌해서 豚 벌었다고

돌아서보니 백발이네.
사는기 뭐 별꺼 없네!

말없이
말하다

매일 반복된다.
자연의 이치처럼

아침 먹고 걷고
점심 먹고 걷고

저녁나절에도 걷는다
사이공 모자 둘러쓴 아저씨

그가 누구인지는 모르지만
내가 사는곳을 매일 걷는다

하루도 빠지지 않고 걷기만 하는
그가 오지않을 때는 궁금해진다
우린 서로 말없이 말을 한다.
매일 반복된다
자연의 이치처럼

아침 먹고 끌고
점심 먹고 끌고

저녁나절에도 끈다
유모차 끌고 가는 할머니

그가 누구인지는 모르지만
내가 사는 곳을 매일 걷는다

하루도 빠지지 않고 유모차 끄는
그가 오지않을 때는 궁금해진다.
우린 서로 말없이 말을 한다.
매일 반복된다
자연의 이치처럼

아침 먹고 잔소리
점심 먹고 잔소리

저녁 나절에도 잔소리
앞치마 두른 그녀

그가 누구인지도 잘 알고
내가 사는 곳과 주소도 같다

하루도 빠지지 않고 잔소리가
없는날엔 뭔가 어색해진다

우린 서로 말없이 말을 한다.

사랑하는 것일수록

옅은 눈썹 은근구름이
산등성이 아래로 떨어진다

바람의 선율은 기와지붕을 타고
신작로로 떨어진다.

물양귀비 위의 개구리도
물속으로 떨어진다.

하얀목련은 녹색의 몸이되어
대지로 떨어진다.

비는 이윽고 은빛으로 빛나는
물방울이 되어 떨어진다.

촉촉한 밤공기는 애틋한 그리움과
고독감이 되어 메마른 봉투의 촉감으로 떨어진다.

창문으로 들어오는 부드러운 빛은
청춘의 모래시계를 뚫고 떨어진다

떨어짐은 떠나는 것.

.

.

.

떠남은 잊혀짐이 아니라
영원임을 알리라.

시간이 지나면 지날수록

·

·

·

감당하기 힘들 정도로

·

·

·

사랑하는 것일수록 더더욱...

떠남은 잊혀짐이 아니라

영원임을 알리라

친구

비가 온다.

연인이 그리워지거나 연인에 대한 연민의 싯구가 떠올라야 하는 시간에 문득 "친구"라는 일상의 단어가 떠올랐다.

나는 친구를 어떻게 생각하고 그 존재를 어떻게 바라보고 보듬으며 살아왔을까?

그냥 내가 심심할 때 콧노래 부르거나 텔레비전 보면서 땅콩 씹는 그런 존재였을까?

   곰곰이 생각해본다.
   친구란 자주 보면서 서로 가깝게 오래 사귀는 것을 말하는데 사실 친구는 이해관계가 벗어나있기 때문에 별다른 부작용이 없는 관계이다.

   그럼에도 불구하고 여행같이 가서 재미있게 놀다가 돌아오자 말자 헤어지고, 돈 빌려주고 헤어지고, 내 쫌 잘나보인다고 안만나고...

별별 경우가 많다.
나이 쪼매 들어본 사람들은 다~ 알겠지만
중년이후에 친구 사귀는 것이 쉽지 않다.

   부모형제 보다도 더 찐하게 느껴지는 단어인 친구는 특히 노래 가사에 사랑 다음으로 가장 많이 등장한다. 그만큼 친구는 없어서는 안될 존재이다.

그러기 위해서는 친구라는 대명제는 있으면 좋고 없으면 그만이 아닌 내가 덜 고독하려면 꼭 내옆에 있어야 할 존재인 것이다.

그 존재를 붙들어 매어놓으려면 내가 투자를 해야한다. 밥도 사주고 아프면 병원도 알아봐주고 놀러갈 때 여행비도 내어주고 하는 등의 수고와 노고를 아끼지 말아야 한다.

<친구란 나의 슬픔 등에 지고 가는자 서러운 고비마다 함께 했었네. 여울목 구비치는 물돌이는 고요히 강물처럼 살아온 인생길- 김기영 작사> 노래의 가사처럼 나를 향해 연민의 마음을 품어줄만한 친구 몇 명은 있어야 되지 않나.

지금도 늦지않았다.

투자한 주식을 기다리고
내 몸이 나아지기를 기다리고
정권이 바뀌기를 기다리고
군대간 아들 기다리고

고무신 바꿔신은 애인 기다리고

개봉영화 기다리고

대전발 열차 기다리듯이

친구를 기다리자.

새로운 친구를 언제 만들어 같이 늙어가나?

구관이 명관이요

오래된 사발그릇이 요란은 해도 없으면 서운하듯

친구란 그런 존재이다.

아내와 남편, 부모와 자식에게도 말하지 못하는 고민 친구에게 쏟아붓는 것은 그가 친구이자 훌륭한 상담가이기 때문이다.

친구는 다시 젊어질 수 있는 추억으로 늙음을 물리칠 웃음도 만들어낸다.

가지는 멋보다 풍기는 멋을 뽐내는 그런 친구...

친구야~ 반갑데이~

독이 든 사과

고된 일과를 마치고 먹는 맛있는 컵라면에 삼겹살, 정말로 맛이 있다~ 밤만 되면 이 환상의 조합을 야밤중에 어떻게 끊으랴!

영화관에서 그대와 먹는 맛있는 팝~콘과 콜~라
이 달달한 맛과 톡 쏘는 탄산음료. 데이트만 하면 먹게 되는 이 환상의 조합을 어떻게 끊으랴!

갑자기 전송된 매력의 메시지 "특별혜택 긴급 생계 자금 대출에 선정" 되었으니 기간내에 신청하시기 바랍니다.

 아니 이게 웬 꿀떡인가하고 서둘러 전화했더니 웬 억양이 이상한 상담사. 알고보니~보이스피싱. 이 환상의 조합을 어찌 끊으랴

 회사의 구조조정 안간힘으로 버티다 고용유지 지원금 덥석하고선 태연하게 업무보다 들이닥친 고용노동부의 감사에 덜미가 잡히다. 어려우면 손 내밀게되는 국가 지원금. 이 환상의 조합을 어찌 끊으랴.

 투자종목 고공행진에 큰 맘 먹고 영끌하여 몰빵~
 큰 노력하지 않고도 손쉽게 돈 버는 재미에 시작한 주식....
 돈 생각나면 떠오르는 이 환상의 조합을 어찌 끊으랴!

 집안 좋고 때깔 좋은 직장맨에 내인생 올~인
 중매쟁이 통해 화려한 스팩과 집안경력에 두말않고
 결혼. 돈은 많은데 남는건 시간뿐.

착하고 나에게 늘 웃음주는 그

두말않고 결혼.

사람은 좋은데 돈이 없네.

결혼! 생각하면 떠오르는 이 환상의 조합 어찌 끊으랴!

독이 든 사과인줄 몰랐네.......

심심한 선택과
흥미로운 선택

 한참 전이다. 밤늦은 시간에 택시를 탔다. 기사님은 모자를 눌러 쓰고 있었고 대략 60대 정도의 나이로 보였다. 엑셀을 스무스하게 밟고서는 나에게 말을 건낸다. "손님은 어머이 계십니꺼"라고 묻고선 "저는 마 어무이 한테 죄를 너무 많이 지아갖고 지금 이나이때까지도 속죄하면서 살고 있십니더"라며 눈물을 글썽인다.

 술에 약간 취한 상태라 이 말을 듣고선 도대체 무슨 죄를 지었길레 60가까이에 있는 중년이 속죄하면서 산단 말인가 하고 혼자

되뇌었다.

 청소년 시기때부터 중년에 이르기까지 끊임없이 어머니의 속을 끓게 만들어 속병으로 세상과 이별을 시켰으니 자신은 죄인이 되었단다.

 가출과 도박을 벗삼아 전국을 떠돌다 어머니 세상 뜬뒤에야 이제 혼자 남아 택시운전 하면서 산다고 한다. 인간은 매 순간마다 어떤 것을 선택하고 그것에 맞는 행동을 하며 결과를 기다린다.

 내 지인 중 최근에 신용회복 기간이 종료되어서 만세를 부른 사람이 있다. 그는 개인 빚을 갚지 못하여 전전긍긍 하였고 은행 빚이 아닌 주변 사람들에게 채무를 가지고 있는바 늘 그들로부터 빚 독촉에 시달려왔다. 전화가 올까, 집에 찾아올까, 혹은 지나가다 만날까 두려워서 피해다니다가 급기야는 신용회복 신청을 해서 꾸준히 경제활동을 유지하며 정상의 생활로 돌아왔다.

 사람들마다 사연없는 사람이 없을터이지만 사연없이 사는 사람은 분명 심심하게 살았을터이고 사연이 많은 사람은 찐하게 살았겠다는 생각이 들지만 한편으로는 "힘들게 살았겠네"라는 생각이 앞선다.

인생살다 보면 별일이 다 생기지만 매순간마다 선택의 귀로에서 답은 나와있다. 희망하는 결과를 분명히 하면 선택해서 감당해야 하는 몫에 대해서 아파해야할 이유가 없어지는 것이다.

<u>매일 선택하며 살고 있다.</u>
<u>물건을 선택하고 일을 선택하고 사람을 선택한다.</u>

무언가를 선택하면 반드시 좋을 수도 있고 나쁠 수도 있다는 것을 알고 있어야 한다. 동전은 한 면만 있는 것이 아니라 양면이기 때문이다.

만약 질병이 있다면 반드시 그 질병을 키우는 어떤 선택이 오래 전부터 있었다는 것이다. 그런데 그것도 모르고 "왜 나에게 갑자기 이런 질병이 왔을까"하고 통곡하는 사람들이 있다.

일을 탓하고 물건 탓하고 사람탓을 한다. 하지만 이 모든 것은 선택을 한 사람의 몫이지 않은가?

> 삶에서 모든 것은 선택에 달려 있고
> 삶의 방향도 선택의 결과이다.

지금 나의 모습은 과거에서부터 선택하여 달려온 총체적인 결과이다.

후회하지 않는 결과는 다소 심심하지만 아파하거나 고통스럽지는 않을 것이다.

공

　문득 날씨가 좋은날에는 길이 걷고 싶어진다. 한걸음두 걸음 내딛다 보면 평소 승용차를 몰고 다니던 때와는 확연히 다르다. 온갖 풍경이 눈안에 들어온다.

 먼저 달라진 것은 강아지들의 대우가 달라졌다.
 벤츠 타고 주인의 품에 안겨 피크닉도 가고, 더러는 유모차에 아기 대신 강아지가 대접을 받는다.
 그것뿐인가 강아지 마트나 강아지 전용 호텔, 애견카페, 전용 미용실, 온 갖가지 옷들도 사 입힌다.

그와 반대로 아이들의 유치원보다 어르신 유치원이 늘어나고 요양병원은 수요가 넘쳐 건물사이마다 간판이 걸려있다.

강아지한테는 지극정성으로 시간과 돈으로 돌보지만 부모들은 돌보지 않는다.

산업화와 민주화를 지난 대한민국의 문화의 속도는 너무 빠르게 흘러가고 있다. 물질중심의 "있다" 문화가 만연해졌다.

강남에 아파트 있다. 벤츠 있다. 연봉도 억대 연봉이다. 주식도 갖고 있으며 수도권 인근에 땅도 가지고 있다.

이렇게 있기만 하면 선진국 된다고 해서 가보니 데이트 폭력, 스토킹살인, 존속살인, 층간소음에 못참아 방화살인, 아동유기와 마약까지…..

미국이 그렇다. 선진국이라지만 물질문명의 최첨단을 걷고 있고 평소에 총기난사 사건이 일어나는 곳이다.

이 모든 것의 기저에 깔려있는 것은 바로 소유욕구 때문이다.

1971년 발표되었던 존 덴버의 노래 "take me home country road"의 내용이다.

<u>시골길. 나를 고향으로 데려다 가주세요.</u>
<u>내가 속한 그곳으로...</u>

이곳은 부모님과 형제들이 같이 모여사는 곳. 쌀이 부족해 보리밥과 물로 배를 채웠지만 사람보다 강아지가 대우받는 일은 없었다.

폭력과 살인도 없었다. 양로원 가는 일도 없으며 빈가방 메고 탑골공원에서 낯선 사람들과 장기두는 일도 없다.

햇살 가득한 가을에 귀에는 낙엽이 전하는 음악으로 눈은 환한 미소를 가진 사람들의 선함이 가득한 길을 걷고싶다.

나를 그곳으로 데려가주세요...

햇살 가득한 가을에 귀에는 낙엽이 전하는 음악으로

눈은 환한 미소를 가진 사람들의 선함이

가득한 길을 걷고싶다.

나를 그곳으로 데려가주세요...

이태원의 영혼들

이태원 참사가 일어난 뒤 많은 사람들이 마음 아파하고 눈물을 흘린다.

그런데 같은 세대의 젊은 친구들 중에는 이렇게 말하는 이도 있다. 거기에 왜 놀러 가는데.....

만약 이 친구가 애인과 비행기 타고 외국에 놀러 가다가 추락사고가 나서 사망하거나 가까운 바닷가에 구경갔다가 파도에 휩쓸려 실종 되었을 때 옆집 지인이 외국에는 왜 가는데... 바닷가 풍경은 왜 보러 가는데....라고 말하는 것과 똑같지 않은가...

내가 겪지 않는다고 남의 아픈 상황을 함부로 이야기 하는 것은 참으로 야속한 일이다. 세월호 참사때도 그랬다.

저 사람들 보상금 때문에 시위한다. 그만 좀 해라 등의 비아냥 거리는 것처럼....

장애인 국회 예산 편성 요구에 장애인들이 지하철에서 시위할 때도 일부 시민들은 짜증나 죽겠네.... 등의 말로 그들을 대했다...

<u>인간은 태어나서 죽을 때까지</u>
<u>희로애락에 시달리면서 살아간다.</u>

좋다고 느끼면 그것을 향해 웃고 서로 보듬고 기뻐하며, 때로는 싫다고 느끼면 화를 내거나 성을 내고 고래고래 고함을 치기도 한다.

사랑하는 사람이 사고를 당해 실의에 빠지거나 죽으면 슬픔에 사로잡히며 때로는 모처럼 시간을 내어 친구들과 또는 가족들과 함께 음악 연주를 듣고 연극 관람이나 영화 감상 같은 것을 통해 삶을 즐기기도 하는 것이 우리네 인생이다.

이 희로애락의 시달림의 중심에는 항상 사람이 있다.

사람은 절대 혼자 살아갈 수 없다. 늘 관계하며 살아가듯이 모처럼 할로윈 축제에 참가해 폼도 좀 잡고 친구들과 어울려 즐기려고 나갔다가 참사를 당한것이다.

단순히 즐기려고 하는 것 중에 하나일 뿐이다. 노는 것 자체가 문제가 되지도 않고 부작용도 없는 것이다. 그것을 그들의 탓으로 돌리려고 하는 시선과 생각은 참으로 궁색하기 짝이 없는 것이다.

우리 모두 외롭지 않을 권리가 분명히 있다.

비 오는 날

비가 대지를 적신다.

누군가의 발자욱마냥

흔적을 드러내고 만다.

물안개는 치마를 걷어올린냥

한껏

과시하고

세속에 물든

승냥이는

동남풍을 등에 업고

십리밖을 내다본다.

화자는 그대의 몫

청자는 대지를

적셔주는 빗소리

부족함 없는

세상풍경 벗삼아

다선일미하니

이 또한 좋지 않은가!

남서쪽 물레질소리는

어머니의 가슴소리

갖가지 세월을 온몸으로 받아내고.

땀방울로 적셔내어

마침내 용의머리에

터를닦고 천개하니

비소리되어 머문다.

나는 오늘도 버스정류장

그 자리에서

비를

맞는다.

우리마을 미스코리아

　　　　마을입구에서 5분정도 걸으면 오십센치 정도의 폭을가진 소로가 나타난다. 봄이 기지개를 펴고 알록달록 무뉘로 치장하여 마치 아리따운 꽃이 수줍은 미소로 손님을 기다리듯이 시골의 좁은 골목길은 마치 도시의 작은 꽃집을 연상케 한다.

 마을 곳곳에는 모습을 잘 드러내지 않는 아름다운 여인, 미스코리아 못지않은 우리들의 어머님들이 오랫동안 우리 마을의 역사와 함께하고 계신다.

2017년 당시 91세 였던 김금순 할머니는 내가 매곡마을에 이사와서 많이 의지하며 지내는 서원수씨 어머니다.

할머니는 언제 매곡마을에 오셨나요? 라는 질문에

내가 16살때 일본군인들이 조선처자들만 보면 잡아갔지.
왜냐고? 그당시에 남자들은 징용으로 끌려가고 처자들은 위안부로 데려갔지.

물론 일본에 취직시켜준다고 거짓말을 해서 많이 데려갔지. 이걸 알고 우리 부모님들이 "니는 아무소리 하지말고 끌려가지 않으려면 이 길밖에 없다"면서 시집을 주남마을에서 이곳 매곡으로 시집보냈지.

"그때는 곱디 고왔는데 고마 이리 늙어가 가는날만 기다린다 아이가"
하시면서 말씀을 이어나가신다.

시어머님께 바느질 배우고 베틀 짜고, 하다가 뭐 하나 잘못하면 욕도 먹고 또 농사 지어서 서창장에 나가서 팔기도 했지. 하도 힘들어서 동네 아낙들하고 곧잘 노래도하고 했는데 인자 늙어서 다 잊었어요.

그리고 돌아가신 애들 아버지가 성격이 급해서 까탈스러웠지.

마음이 답답하고 울화통이 터질때는 친정집에 가고 싶었지만 시집올때 친정에서 어떤 어려운 일이 있어도 돌아오지 말거라! 친정으로 오면 다시는 돌아가지 못한다면서 신신당부했지.

그리고 혼례올릴 때도 "일부종사"의 마음밖에 없었기 때문에 힘들다고 도망가거나 친정집에 간다는 생각자체를 못했지.

그런데 모든 어려움을 잘 극복할수 있었던것은 우리 자식들이 착하게 열심히 살아주어서 그 덕분으로 잘 버틸 수 있었던거지.

8남매중 형편이 어려워 학업을 원하는 만큼 뒷바라지 못해준게 아직도 한이 되지. 8남매가 다 착해서 손댈것이 없었지.

너무 많이 살았네. 우리 자식들 무탈하게 잘 지냈으면 좋겠고 그리고 우리 원수(서원수씨를 지칭)가 내한테 참 잘하지. 심성 이 곧고 바르지요.

경남 진양군 미천면 오방리에 전설같은 이야기가 있다.

모년 모월 모시에 열두 폭 채알치마 쳐놓고 진주땅에 강선비와 박처자의 혼례가 있는 날에 오라는 강선비는 오질 않고 편지만 덩그마니 왔다!

이 어찌된 일인가? 남편은 오던도중 사고로 사망한 것이다. 할 수 없이 남편없이 혼례를 치루고 평생 시부모님을 모시며 살았다.

요즈음의 사회에서는 상상조차 할 수 없는 일이다.
남편 얼굴도 모르는 시집살이...

우리는 어떤식으로 이해하며 미래의 자손들에게 무엇을 강조해야 될지 우리 마을 미스코리아 김금순 할머니의 삶을 통해 그 지혜를 엿볼 수 있었다.

봄이 기지개를 펴고 알록달록 무늬로 치장하여

마치 아리따운 꽃이 수줍은 미소로 손님을 기다리듯이

시골의 좁은 골목길은 마치

도시의 작은 꽃집을 연상케 한다

숨김과 들킴

교수로 임용되던 날 재단으로부터 발령장을 받으러 갔다. 신규 임용자 모두 모여 사무국장의 이야기를 듣고 이사장의 인사말과 몇마디 주고받는데도 흥분을 감출 수는 없다.

긴장을 없애기는 어렵지만 감출수는 있다. 자신 없는 나의 모습을 남에게 들키기 싫은 것이다.

멋진 자동차를 구매했다. 친구가 묻는다.
야 ~ 멋진데 얼마줬는데?

망설이다가 구매가격 보다 조금 더 높이 줬다고 말한다.
뻥이다.

집을 샀다. 친구가 묻는다. 야~ 멋진데 얼마줬는데?~
망설이다가 시세보다 조금 더 높이 줬다고 말한다.
뻥이다.

옷을 샀다. 친구가 묻는다. 야~ 멋진데 얼마줬는데?
망설이다가 2배이상 가격으로 말한다.
완전 뻥이다.

집에 친구가 놀러왔다.
식빵을 가득 안고 왔길레 토스터기에 넣고 잼을 바르고 아메리카노 커피를 타서 대접했다.

친구가 토스터기의 색깔이 너무 예뻐서인지 물어본다.
"저거 얼마 줬는데?"
"30만원"하고 냉큼 답한다.

뻥이다. 사실은 포인트 모아 교환한 제품이다.

우리들은 시시각각으로 자신이 알고 행한 것들을 숨기려 한다.

남들이 생각하는 만큼 부유하지 못해서, 똑똑하지 못해서, 자신의 정체가 발각될것을 두려워하여 가면을 쓰며 실패에 대한 두려움때문에 고통받는다.

실제로 있었던 일이다.

미국 FBI 요원이 어렵게 시험을 통과한 후 자신의 부서장이 이 요원의 성장, 학습기에 관한 시험 성적표를 보고 질문을 한다.

느닷없이 "자네는 마약을 좋아하나?" 하고 묻자 그는 단연코 아니라고 한다. 다시 되묻자 똑같이 답한다. 그러자 부서장은 힘주어 다시 묻기를 반복하자 그 요원은 "사실 중학교 때 딱 세 번 해보았다"하니 부서장은 "나와의 생활에서 있는 것은 있는 대로 들키는 것이 낫다. 만약 거짓말하면 해고 내지는 좌천될 것이다"

우리들은 자신들의 일이 타인들에게 들킬까봐 숨조아리며 말을 돌리고 지어내고 급기야는 있지도 않는 말을 확대 생산해낸다.

차라리 들키는 편이 낫다.
걷잡을 수 없을 지경이 되면 타인에게 좋은 모습만 보여주려고 모든 면에서 완벽해야 한다고 믿는다.

사람들앞에서 자신의 완벽하지 못한 모습이 들킬까봐 불안해한다.

이런 현상의 부류들은 비교적 성적이 우수한 학생들이나 사회에서 성공했다고 여겨지는 부류들에게 더 뚜렷하게 나타난다.

나는 오늘도
완벽과 행복이라는 가면을 쓰고 있다.

사느냐 살고 있느냐!
그것이 문제로다

 매일 아침 눈 뜨고 세수하고 밥먹고 출근한다. 일하다가 말 하다가 일하다가 말 하다가

 매일 저녁 퇴근길 이리칠 저리칠 바지아래 똥칠하듯
 미세먼지 사이로 헤엄쳐 도달한곳 집 내집 뿐이리.

 아~는 밥묵자 ! 자자!
 이 아름다운 일상의 언어는 언제까지 계속될까?

언제부턴가 "나"는 없다.

고깃덩어리가 유체처럼 움직이듯 아무 쓸모없는 모양이 된다.

그러다 누군가 맞지않는 말로 억지부리면 그에 맞서 더욱더 자기방어에 나선다.

"나"는 없다.

나를 모르기 때문이다.

모든 상대를 자기에게 맞추려하기 때문이다.

자기자신을 알려고 하지 않는다.

왜?

죽어있으니까!

깨어있는 연습을 못했다.

눈에 보이는대로

들리는대로

냄새 맡는대로

입맛이 가는대로

접촉하는대로

그야말로 오감의 노예가 되어
죽음만 면한 삶을 살고 있다.

<u>오감의 노예가 아니라 내가 주체가되어 나를 알고 나를 올바른 길로 내 스스로 안내할 수 있어야 되겠다.</u>

늦는 것이 화를 당하는 것보다 낫다.

사느냐! 살고있느냐!
그것이 문제로다!

생각을 사냥하는 방법

생각이란 놈은 참으로 묘한것 같다.

풍선처럼 불면 커지고 바늘로 찌르면 그 커다란 놈이 단번에 없어진다. 가만히 있지 못하고 여기 저기 돌아다니기도 하고 또 저 달나라도 갔다가 화성도 가곤 한다.

언제든지 내가 부르면 내게 다가온다. 그런데 모양이 자꾸 달라진다. 처음엔 저 여자가 아니 저 남자가 괜찮다는 생각을 했는데 지금은 그렇지 않다.

저 자동차 처음엔 멋지던데... 사랑하는 사람과 헤어지면 그만인데 왜 자꾸 떠올라 나를 괴롭힐까? 전화를 걸어보지만 받지 않는다.

생각이란 놈이 충고를 한다. "찾아 가봐라"라고.

근데 이 생각에도 친구들이 있다. "찾아 가봐라"라고 말한 생각씨 있으면 "야! 가지마! 쪽 팔리게 "하는 생각씨도 있다.

나는 혼자인데 생각이란은 놈은 알고보니 여럿이었다.

선택한다. "그래 찾아가 보는거야"라며.
벨을 몇 번이고 눌러보지만 인기척은 없다. 생각씨가 말한다.
"야 그만 집에가 그리고 잊어버려" 다른생각씨가 말한다.
"무슨 소리야 여태까지 시귄지가 몇 년인데 아깝지도 않니?"

그런데 생각씨들은 그들 스스로 독립해서 존재하는 것이 아니라 순간 순간마다 생각씨들끼리 서로 작용해서 전혀 다른 생각씨들을 탄생시킨다.

화단에 전혀 없던 씨들이 날라와서 마치 오래전부터 있었던 꽃처럼 능청맞게 다른 꽃들과 맞장을 떠고 있다.

인간은 욕망의 동물이다. 이 생각이란 놈의 뿌리를 들여다보면 욕망이라는 것이 자리를 잡고 있다.
인간은 이 욕망 때문에 평생 고통받고 산다. 가지고 싶고 누리고 싶어하는 것으로부터 출발하여 영원불멸 하고싶어하는 욕망으로 인해 후회하며 반성하는 것이다.

욕망이 과하게 올라오는 생각씨를 보면 "아~ 이건 아니되옵니다. 너무 과하고 욕심이 많으십니다"하며 거절할 수 있어야 한다.

그리고 아무것도 하기가 싫거나 해봐야 안된다는 생각씨가 올라올때는 "너무 게으르십니다"하며 달래야 된다.

굉장히 간단하게 보이지만 굉장히 어렵다.

#담배꽁초#를 아무곳이나 버리면 안된다는 생각과 버려도 된다는 생각이 존재하듯이...

결국 어떤 선택을 해야 하는가는 스스로가 너무나도 잘 안다.
선택의 기로에서는 생각이 난무한다.

떠오르는 생각을 참거나 없앨수는 없다. 하지만 방향은 건전한 방향으로 정할 수 있다. 이것은 오랫동안 연습이 필요할 것이다..

떠오르는 생각대로의 대부분은 안좋은 습관을 따라간다. 그것을 따라가면 여러모로 낭패를 보게되므로 생각씨를 잘 돌봐야한다.

한 밤중에 누군가 남의집을 기웃거리면 도둑 혹은 뭔가 범죄가 일어날 것 같은 예감으로 조심해야 겠다는 "알아차림"을 한다.

생각도 마찬가지다. 운전을 하다 다른차가 끼어들면 당연히 욕설이나 다른 행동이 튀어나온다. 이 튀어나오는 생각을 미리 알아차려서 잘 돌보는 것이다. 잠시 후 이 상황은 "사라질거야" 라고 말이다.

생각은 바이러스와 같아서 옮기기도 한다.
그만큼 요상한 놈이다.

매일 수백개의 생각이 일어난다. 우선 일어나는 생각을 뚫어지게 쳐다보아야 한다. 그리고 이 생각이 합당한 방향으로 가는것인지 아니면 부정적 방향으로 가는지 본다. 여기에서 중요한 것은 방향을 조절하려고 하면 생각이 꼬이게 된다. 그냥 생각이라는 놈을 물끄러미 쳐다만 본다.

보다보면 어느 새 생각은 사라지고 만다. 생각이란 놈을 잘 사냥한 것이다. 사냥의 원칙은 보는 것이다. 뚫어지게 보는 것이다. 훌륭한 사냥을 위해서는 연습이 필요할 것이다. 활을 당기기 위해서 팔의 근육을 단련시키듯이 생각을 사냥할때도 잘 훈련된 호위무사가 필요할 것이다.

바로 생각의 사냥법을 "알아차림"이라고 한다.

떠오르는 생각에 놀아나지 말고

이놈이 뭘 하려고 하는지만 보아도

사냥에 가까운 기술을 발휘한 것이다.

연습 연습 또 연습.

장기 훈수 두듯이 자기를 돌봐라

며칠전 베트남에서 지인들이 와서 대뜸 핸드폰을 보여주며 감천문화마을이 보고 싶단다. 도착하여 마을입구에 들어서니 관광객들로 가득 차 있었고 사람과 차량이 뒤섞일 정도로 관광객들이 많았다. 자유여행객뿐만이 아니라 단체여행객들도 많아보였다.

총총걸음으로 골목길을 따라 벽화와 감천의 역사 그리고 북항이 내려다 보이는 전망대와 또닥또닥 붙은 계단식 주택들을 배경으로한 포토존에서 사진찍느라 여념이 없는 여행객들.

그 틈을 비집고 한 손에는 음료수, 한 손에는 셔터를 눌러대니 손이 마냥 바빴다.

한참을 돌아다니다 길언덕 위에 택시한대가 주거지전용 주차장에 파킹하는 모습이 내눈에 들어왔다.

곧이어 근처에서 차량통제하는 사람으로 보이는 노란조끼 입은 안내원이 택시근처로 가더니 "차 빼소 요는 대면 안되요 . 빨리 나가소"하니 기사는 "좀있다 바로 나갈겁니다"하자 안내원 "빨리 나가라! 니~ 내말 안들리나?" 택시기사왈 "요가 니땅이가?" 안내원 "요는 내가 지키고 있으니 무조건 내 명령에 따라야지. 빨리나가라 임마" 기사왈 "뭐~ 임마~임마"하며 차에서 내려 주먹을 불끈 쥐며 "니 쫌 치는가배?, 함 해볼레 이 새끼야" 순식간에 두사람은 멱살을 잡더니 밀고 당기고를 반복하는 사이에 많은 외국인들이 무슨 광경인가 의하해하며 꼿꼿이 서있는 장승마냥 다들 서있다.

참다 보다못해 내가 "아저씨들! 여기 이렇게 외국인들도 많은데 무슨 추태이신가요"했더니 아랑곳도 하지 않고 욕설을 남발하며 주위에 있는 여행객들의 눈살을 찌푸리게 하였다. 이윽고 경찰에 고발소동을 하고서야 택시는 마을을 빠져나가고 안내원은 마치 링위에서 후쿠를 날리고 강력한 펀치를 날려 상대방이 코에서 피가 터져 심판이 승리를 선언한 듯이 입가에 미소를 날리며 자기 자리로 가는 것을 본 모든 이들은 한숨을 내쉬며 걸음을 옮겼다.

자신의 감정조차 추수리지 못하는 사람들이 어떻게 타인을 안내하며 또 손님을 태워 즐거운 승차가 되도록 할 수 있나. 모든 행동에는 순간의 감정이 숨어있다. 이 감정은 착할 수도 있고 나쁠 수도 있다. 그런데 우리들의 감정은 대부분 나쁜곳에 잘 휘어진다. 내가 조금만 불편해도 휘어진 감정으로 상대방을 치기 때문이다.

그래서 말을 하기전에 튀어나오려고 하는 말이 휘어져 있는지 확인을 해야한다. 아주 빠른 속도로. 약 2초정도의 짧은 시간으로 깊은 생각을 하는 것이다. 장기나 바둑의 훈수도 상황을 보다가 순간 딱 2초정도로 훈수를 두듯이 말이다. 이 시간만 투자하면 우리는 얼마든지 불편의 상황보다 편함의 상황을 만들 수 있다.

동물들은 대부분 같은 종족들 끼리는 잘 다투지않는다. 그런데 사람이라는 고등동물들은 끊임없이 싸우기를 반복한다. 부부는 물론 형제, 친구, 직장동료 할것없이 으르렁대며 싸운다. 물론 협동도 잘하지만 말이다.

진짜로 2초만 생각하면 싸우는 것을 줄일 수 있고 없앨수도 있는데 말이다....

단순하며 복잡한 사람들아!
2초를 생각하라!
그러면 인생의 무게가 훨씬 가벼워진다...

나를 훈수 두듯이 2초만 생각하고 나를 돌봐라!
내가 대견스러워진다!!!

첫사랑

 한통의 전화가 걸려왔다. 따르릉 따르릉 하며 그날따라 사무실 전화기 벨소리가 왠지 크게 들려왔다.

"여보세요" 하니 "강열우씨 되시죠"하며 낯선 여성의 목소리가 들려왔다.

 나는 구부정한 허리를 곧추세우고 혓바닥에 멈춘 침을 삼키며 손으로 턱을 받친뒤에서야 "누구세요"라고하니 "저 모르시겠어요? 제 목소리 기억 안나세요"하며 애써서 다그치는 듯 나를 몰아세운다.

"글쎄요, 목소리만 듣고서는 누군지를 모르겠습니다만"하며 나의 말을 줄이는듯하니 그녀가 곧장 나에게"백화점 문화센터에서 탭댄스 수업하는 전단보고 익숙한 이름이 있길레 확인차 연락드렸어요.

"맞군요." 순간 나는 얼음이 얼어 물이 되고 물은 곧이어 수증기가 되는것처럼 인간은 인연따라 만나고 헤어지듯 실재가 실제로 또는 실제가 실재로 이어진다는 생각이 뇌리를 스쳐 지나갔다.

나의 첫사랑 여인이었다.

아니 짝사랑 일지도 모른다.

그녀는 홀어머님을 모시고 올곧게 성장한 숙녀로서 그 당시 유치원 교사였다. 내가 알고 있는 유치원 교사들과의 모임에서 우연히 인사를 나누며 그 모임에서 몇 번 보았다.

주위에서는 그녀를 보면 항상 마음이 아팠다고 하는데 그녀의 아버지는 술과 도박을 일삼아 가정을 내팽겨치고 한번 집을 나가면 수개월동안 모습을 보이질 않고 한번 들어오면 집에 숨겨둔 장롱속의 돈을 무차별하게 가져가고 그것도 모자라 그녀의 어머님을 구타해서 고막이 나가 청각장애 진단까지 받았다고 한다.

그녀는 고등과정을 정상적으로 다니지 못하고 검정고시로 과정을 마쳤다. 자립능력이 없는 홀어머니를 모시고 낮에는 회사, 밤에는 야간대학에 진학하여 힘겨운 가정생활을 하며 지냈지만 부모탓은 하지 않는 바른 여성이라고 칭찬이 자자하였다.

그런 탓에 나도 그녀를 마음속으로 좋아했던 것 같았다.
얼마 안되어 그녀는 친척의 소개로 갑작스럽게 결혼을 했다는 소식이 들려왔다.

그것도 아이가 둘있는 남성과 결혼을 했다지만 나름대로 행복하다. 그것도 잠시, 들려오는 소식은 연일 남편의 가정폭력에 시달려 여기저기 멍들고, 의처증이 있어 그녀의 직장에 죽치고 앉아 일거수 일투족을 감시하는 생활이었다.

그 이후 나와는 연락이 닿지않아 소식을 전할 길이 없었지만 이렇게 전화가 와서 놀라지 않을 수가 없었다. "근처에 갈일 있으니 얼굴이라도 한번 뵙고 차라도 한잔 해요"라는 말에 거절할 명분을 순간적으로 찾지못해 그만 승낙하고 말았다.

약속한 장소에는 80년대 노래 박남정의 사랑의 불시착이라는 노래가 나왔고 이어 김수희의 멍에 노래가 연이어 들려왔다.

나의 테이블에 놓여 있는 흰 유리잔의 물은 어느 새 비워져 있고 나는 계속해서 공짜물을 시켜 먹고 있다. 눈은 입구를 고정했고 다방 밖에는 전선줄 위의 새가 나를 계속 응시하고 건널목에 신호대기를 기다리는 사람들은 채권장수마냥 허리에 손가방을 들고 어딘가로 발을 옮기기 시작한다.

"어서오세요" 다방 주인의 손님맞이 목소리가 낭창하게 들리는 순간 그 손님과 내가 눈을 맞닥뜨린다. 나도 모르게 자리에서 일어난다. 중년여성처럼 보이는 그 손님은 나에게로 다가와 "강열우씨 맞죠"하며 갸날픈 목소리로 물어왔다.

나는 순간 다리에 힘이 빠지고 등골이 오싹해짐을 느껴 어찌할 줄을 몰랐다. 그녀는 머리카락이 많이 빠져있었고 볼은 야위어 많이 수척한 상태였다. 전체적으로 살이 빠져 예전의 모습을 맞추어 보기에는 역부족이었다.

하긴 세월이 얼마나 흘렀는가?

우리는 한동안 아무말도 않은 채 물만 들이키며 각자의 표정을 관리하는데 급급했다. 커피를 주문한 뒤에서야 그동안의 세월 이야기며 자식이야기 등등을 내놓기 시작한다.

이렇게 광고 전단지를 보고 만날 수 있다니 "참 신기하다"며 애둘러 옛날 이야기들을 하며 회상에 잠기는 듯 하였다.

한 참 동안 옛 이야기로 꽃을 피우더니 당분간 긴 여행을 할 계획이라며 고개를 떨구어 눈시울을 붉혔다.

"사실 저 췌장암 말기에요. 얼마 못 살 것 같아요"

이게 무슨 말인지 내 귀를 의심했다. "뭐라고요"하며 그녀를 다그치기 시작했다. 갖은 생활고에 남편의 폭력, 홀어머니 부양의무에 정작 본인의 노후는 준비도 못한 채 몹쓸병에 걸려 남은 여생을 이렇게 보내야 한다는 절망감에 많이 힘들었다고 한다.

"이제 제 수명이 다한 것 같아 마음의 준비를 하고 있어요!
근데 이렇게 불현 듯 옛날 기억속의 좋은 추억을 간직했던 분을 만나니 마음이 많이 가벼워졌어요"

나는 할 말을 잃었다.

그녀는 사실 외로울 때마다 그림을 그렸다고 한다. 특히 레오나르드 다빈치의 그림에서 많은 영감을 받아, 보고 그리는 그림보다 생각하는 그림을 줄곧 그려왔다고 한다.
청소년 시절에는 담임교사로부터 "너는 그림에 소질이 많으니 꼭 훌륭한 화가가 되렴"하는 독려의 말도 있었다며 환한 웃음으로 본인의 재능을 드러내기도 하였다.

그녀의 눈에는 가슴으로부터 솟구쳐 오르는, 폭포수 보다도 더한 눈물이 흘러 나왔다. 한참이 지나서야 눈물을 멈추고 나즈막한 목소리로 나에게 부탁을 한다.

"가까운 미래에 제가 좋아하는 그림을 그리려 합니다. 그린 그림은 제가 보내드릴테니 제가 죽은 소식이 들리면 태워서 하늘로 날려주세요"라는 짧은 인사를 하고서는 자리를 박차고 나가버렸다.

성장과정에서의 가정형편, 그리고 결혼에서의 가정생활. 그 어느 하나도 두발뻗고 맘 편히 잘 수 없었던 그녀의 마음을 내가 헤아리기에는 너무나 벅찬 시간들이었다.

창문 너머로 빨갛게 물든 단풍나무가 하나 둘 떨어진다.
하늘에서 먹장구름이 몰려와 금새 빗방울을 뿌려댄다.
길 가 위의 사람들은 하나 둘씩 흩어지고 산비둘기가 금새 비를 피해 처마밑에 내려 앉아 소리짓는 모습이 마치 그녀를 떠나 보내는 듯한 목소리였다.

나와 그녀의 만남과 헤어짐.

수많은 시간이 흐르고서야 만난 그녀의 등은 왠지 굽어보이고 움푹 파여보였다.

나는 내일도 품안에 품었던 전화 벨소리가 울리기를 바라며 축 처진 어깨를 추수리면서 버스정류소를 향한다...

_____ 서로

하늘과 땅 서로 맞닿아, 주고 받음을 이어주고

천하대장군 지하여장군이 서로 마주하여 자자손손 이어주고

골목길과 신작로가 서로 마주하여 인생의 길로 이어주고

도랑물이 강물과 서로 마주하여 바다로 이어주고

꽃과 나비가 서로 마주하며 너울너울 춤을 추고

남자와 여자는 서로 마주하며 백년가약을 약속하네.

근데

앞서거니 뒤서거니 서로 뽐내며 운전하는 그들

약속시간 조금 늦었다고 서로 티격태격 하는 그들

운명하신 부모님 재산놓고 서로 많이 먹으려는 그들

직장에서 승진하려고 상사에게 서로 아부하는 그들

근데

백사장에서 서로 모래성을 쌓으며 노는 아이들.

맨발로 흙을 밟으며 서로 정겨워하는 노부부.

듀엣으로 얼굴 마주보며 서로 목청 돋우는 가수들.

바다에 잘못하여 빠진 사람 서로 구한다고 나서는 사람들.

암투병하는 친구를 위해 서로 모금해서 돕는다는 사람들.

그래서

숨가쁘게 씨근덕 거리며 아스라이 멀어져갔던 서로의 사랑을

위해 그 먼길을 달렸다.

사라지므로, 없으졌으므로, 헤어졌으므로, 아파했으므로

서로 더욱 그리워하리라.

1987
거제도

　　　　　부산 남구 대연동 건물 2층 극단 자갈치 전용극장. 빽빽하게 둘러앉은 젊은 남녀 대학생들. 신문지를 깔아놓고 깡소주와 과자 부스러기를 안주삼아 먹는다. 실내의 벽면에는 얼마전 마친 공연의 "태백산맥"이라는 포스터가 눈이 띄인다.

　젊은 대학생들이 얼마전 수산대학교(현 부경대학교)에서 백기완 선생의 시국강연이 있었는데 수천명이 모였다. 전두환 군사 독재하에서의 시국 강연회였다. 선생의 강연은 머리에서부터 발끝까지 피가 솟구쳐오를 정도의 힘있는 메시지였고 평생을 민족주의자로 살아오신 그야말로 대한민국 민주주의 확립을 위해 헌신하시는 분으로 알려져있다.

모두들 둘러앉아 시국의 이런저런 이야기를 나누는 중 한 통의 전화가 걸려왔다. "여보세요! 네 극단 자갈치입니다"하며 제법 높은 톤의 남자 목소리다. 극단 자갈치 배우 정승천의 목소리다. 승천은 한참동안 전화기를 붙들고 수화기에 귀를 쫑긋 세우고서는 마치 선생님에게 훈육을 당하듯이 양다리는 쪼그라들 듯이 꼬여있었고 목소리는 침이 말라들어가듯 매우 건조한 소리로 연일 "네. 네"하며 다소 힘들어 보이는 자세와 말투였다.

그랬거나 말거나 젊은 대학생들은 부어라 마셔라 시국이 이러니 맨정신으로 못살겠다며 시나브로 시작한 술판이 정점을 찍고 있었다.

"여러분 잠깐만 집중해주세요" 승천의 목소리는 단호하고 매섭게 우리들을 압도했었다. 순간 우리들은 모두 그를 응시하였고 그는 잠시 얼굴을 떨어뜨리며 한동안 말을 잇지 못하였다.

"거제도 옥포조선소에서 파업도중 이석규 노동자가 경찰이 쏜 최루탄을 맞고 사망하였다고 합니다"

정확하게 1987년 8월22일 이었다. 승천은 갑자기 술판을 정리하듯 말을 이어나간다. 조선소에서 파업을 계속 이어나가는데 이 시위를 도와줄 놀이패를 구한다는 것이다. 구하는 것이 아니라 도와서 함께 하자는 것이다.

그러면서 거제도 옥포 조선소에서 지원할 놀이꾼들은 여기서 손을 들라는 것이었다. 서로들 눈치를 보며 주점주점 손을 들기 시작하더니 그중에 내 손도 후배의 손에 이끌려 들리고 말았다.

나는 그 당시 운동권도 아니고 아무것도 아닌 내가 그 조선소에 가서 시위 지원자가 되었는지 지금 생각해봐도 황당한 사건이었다.

정호, 빈이, 까치, 복이, 두꺼비, 열우 등 가명반 진짜 이름반이 섞여 우리들은 거제도행 선박에 몸을 싣고 마치 탈북자들의 행세

마냥 주위의 경계를 살피며 조심스레 거제도에 발을 딛었다.

그런데 도착하자말자 기다렸다는 듯이 들이닥친 경찰들. 어떻게 알았는지 우리들을 에워싸며 연행해갔다.

경찰들과 한참 조서를 꾸미던중 변호사라며 나타난 분이 한참을 중재하더니 경찰들은 우리들을 풀어주었다. 아직 아무런 행위나 혐의가 없어서이다. 키가 작고 당차게 보이던 변호사와 몇마디 주고받은 후 우리들은 조선소측에서 안내자를 보내와 그를 따라갔다.

한참 골목길을 몇바퀴 돈 후에야 조그만한 약국으로 들어가는 것이다. 여장을 풀고 안내원이 인사를 건네며 "약사 OOO입니다"며 본인 소개를 했다. 그러며 "여러분들을 경찰서에서 풀려 나오게 하신분이 노무현 인권변호사 십니다"하며 안전함을 내비췄다.

그가 내준 방에 숨죽이며 우리들은 조선소 노동자들과 그들이 지치지 않게 도울 방법에 대해 논의했고 의상과 악기들을 점검했다. 사실 나는 이때까지만 해도 실감이 나지 않았다.

내가 대학 때 맑스나 레닌의 사상책 한권도 읽지 않은 상태에 민주주의가 어떻고 노동계급 운운하며 한껏 지식의 목소리를 토해내는 이른바 운동권 사상가들과 함께 하는 것 자체가 어색했기 때문이다.

이들이 쓰는 용어들은 이미 나와는 아주 먼 나라의 일처럼 느껴졌기 때문이다. 어찌보면 내가 민주주의라는 정치적 양식에 대한 견해가 부족했고 문화적, 도덕적 문제와 연결되어 있는 것을 간과하면서 살아왔음을 지적하지 않을 수 없게 되었다.

결전의 날이 왔다.
조선소내에 이석규 민주열사의 시신이 있는 곳에 노동자들은 집결되어 노동자들을 죽음으로 내몰아 온 대우조선측과 첨예하게 대립되어 있었고 경찰들은 이것을 빌미삼아 무고한 노동자들을 빨갱이로 몰고 가고 있었다.

우리들은 님을 위한 행진곡부터 민중가요의 대부분은 전부 불렀고 풍물굿을 치면서 시위현장을 더욱 데워나갔다.

열기는 용이 승천이라도 할 듯 그 기세는 날이 거듭될수록 뜨거웠고 노동자들의 얼굴은 점점 투사의 표정에서 무표정하면서도 결연한 의지를 내비추는 고요한 상태에 이르렀다.

몇일을 내리달린 우리들은 마지막 상여를 메어야만 했다.
쇠소리, 징소리, 장구소리, 북소리를 울리며 이석규 열사를 묻어야 할 장지 광주 망월동으로 향해야 했다.

나의 역할은 상여소리를 하기로 했다.
받는소리는 정해져 있지만 메기는 소리는 선창이어서 계속 가사를 작창해야만 했기에 멤버 중 한명이 소리 옆에서 계속 종이에 쓰서 나는 주야장천 선소리를 메겨야만 했다.

한 손엔 메가폰, 한 손엔 가사.
이제~가면 언제~오나 어허야 어허야 어허어허 어허야...
북망~산천 그~ 어디냐 어허야 어허야 어허어허 어허야...
가슴~ 총맞아 원한을 품었네 어허야.......

수천명의 노동자들이 운구를 몰아 경남의 고성을 지나려 하는데 국도 한복판에 장갑차를 내세워 길목을 통제하고 최류탄을 쏘아 붓더니 유족과 운구차를 빼앗아 시신을 탈환한 사건이야말로 당대 희극중의 희극이 되고 말았다. 그것도 정부가 앞장서서 시민의 시신을 유기하다니...

뿔뿔이 흩어지고만 군중의 무리들...
 우리 일행들도 부산으로 귀향하기로 했는데 배를 이용하지 않고 버스를 타고 잠행하기로 했다.
 다행히 부산도착 때까지 검문검색이 없어 별탈이 없음을 확인하고 움직임에 대해서 논의 중 내가 제일 먼저 집에 전화확인을 해보니 아버님 제사라면서 어머님이 빨리 집으로 오라는 것이었다.

일행들에게 몸조심 당부하며 잰걸음으로 나는 집으로 향했다.
 그 당시 우리 집은 연립 아파트여서 들어가는 입구 어귀가 좁아 차가 비집고 들어가기에는 빡빡한 상태여서 웬만한 차량들은 잘 들어가질 않는다.

웬 검정 세단차. 혼자 의아해하며 입구에 놓여있는 세단차를 장난감 보듯이 지나치며 2층 집으로 들어갔더니 어이쿠 이게 누구냐~ 금정 경찰서 형사 두명이 나를 화사하게 맞이 하는게 아닌가~ "강열우 씨 우리와 함께 경찰서로 가야겠어"하며 드라마에서나 보던 장면이 우리집에서 연출되었다.

우리 어머니는 우짜던지 형사들 말대로 하면 아들 살릴 수 있겠지 하는 생각에 나에게 거짓으로 아버지를 팔아 넘겼던 것이다. 나는 생전 처음 검정 세단차를 탔다. 금정경찰서 형사과로 가서 거제도에서 있었던 모든 것을 털어놓아야만 했다.

형사는 입에 담배를 꼬나물고 연일 나의 얼굴에 대고 연기를 내품으며 이름, 나이, 주소 등의 일반사항을 물어보고선 째진듯한 눈초리로 날 할퀴어보더니 "같이 간 새끼들 이름대봐"하며 나를 몰아세우기 시작했다.

"빈이"하고 이름을 말하자 한 대 때리고, "복이"하고 말하자 한 대 때리고 "두꺼비"하고 이름을 말하자 한 대 때리고 "까치"하고 말하자 한 대 때리고 친구들 이름을 대자말자 나는 계속 얻어 맞는다.

앞에서도 말했지만 친구들의 이름도 모르고 다들 가명을 쓰고 있어서 진짜 이름은 모르고 있는 상태였다. 경찰이 아무리 비틀어도 내가 알 수 있는 이름은 그것뿐이었다.

경찰은 나를 데리고 금정서 고문실인 목욕탕으로 데려가 협박과 공갈로 나를 매도하기 시작했지만 결국은 나에게 건질것이 없다는 결론은 나의 학창시절이 너무 깨끗하다는 것이었다.

하기야 이데올로기가 뭔지, 민주주의가 뭔지 관심조차 없는 내가 이 일에 연관되었으니 우리 어머님은 땅을 치고 통곡을 한다. 어디서 샀는지 모르지만 담배 두 보루를 내놓으시며 한 보루는 형사에게 상납하고 한 보루는 날보고 "피거라 이놈아" 하며 손으로 눈물을 훔쳤다.

나는 그날로 경찰서에서 빠져나왔고 들은 소식에 의하면 모두들 수배령이 내려졌다고 한다. 한동안 나는 부자연한 몸이 되었다. 내가 가는 곳마다 그림자처럼 형사들은 내 뒤를 쫓거나 냄새를 맡으려고 추적전을 벌이기도 했다.

시간이 1년 흐른뒤에는 거의 잡히고 끝까지 도망다닌다는 소식은 빈이가 계속 숨어 지낸다는 것이었다.

그것도 결국에는 잡혀 형을 치루고야 말았다.
나는 이 사건으로 전두환 시대에서는 사상범으로 낙인 찍혔고 이후 이 무리들과 시국을 비판하는데도 과감성을 내비치었다.

노태우 정부로 돌아서서 나는 일명 빨간줄이 삭제되었다.
남원 출생 22세 꽃다운 나이로 숨진 이석규 열사의 이야기는 끝나지 않고 있다.

이석구, 이수병, 이순덕, 이승삼, 이영기 등 민주화 운동으로 숭고한 목숨을 빼앗긴 많은 열사들이 있고 또한 2023년 현재까지도 노동현장에서 불합리한 조건에 항거해 싸우다가 숨진 열사들도 여전히 존재하고 있다.

독재정권에서 민주화로 넘어가는 과정에서 돌아가신 분들을 생각하지 않으면 미래의 투쟁은 없는 것이다.

유럽에서 교회중심의 문화에서 벗어나 인본주의 운동이 1350년에서 1600년까지 도달한 르네상스는 고대 그리스문화를 부흥하는 운동이었다.

개인의 존엄과 개인의 표현을 중시한 르네상스 시대의 문학은 음악, 종교와 더불어 인간 개인의 사상과 가치를 담고 있는 점을 비추어볼 때 노동의 르네상스 시대를 열어 노동자의 인권과 가치를 인정받을 수 있는 날을 기대해본다.

노동의 르네상스 시대를 열어

노동자의 인권과 가치를 인정받을 수 있는 날을 기대해본다.

1988
소주병 휘날리며

1988년 전국의 딴따라들이 한자리에 모였다. 이른바 민족예술인들이 한바탕 굿놀음을 하는 것이다. 장소는 서울 미리내 소극장.

부산 극단 자갈치 단원 모두 서울행 결정하고 우리가 드디어 서울에서 연극한다는 그 생각만으로 모두들 꿈에 부풀어 있었다.

작품은 "복지에서 성지로"
형제복지원 사건을 마당극으로 만든 극단 자갈치의 제1호 창작품이었다. 그러니 얼마나 애정이 녹아 있는 작품이었겠나.

 서울에 가는 경비 아끼려 밥솥이며 쌀, 심지어 콩나물까지 가지고 갔으니 부산 촌놈들의 서울행은 그야말로 한양에 과거 시험 보러 가는 것이나 다름 없었다.

 시골에서는 돈도 없고 못먹고 사니 부모 몰래 서울로 야반도주 하듯 치밀하게 계획을 세우고 숟가락 젓가락 까지 꼼꼼하게 챙겨 열차에 몸을 싣고 은은하게 들려오는 열차바퀴 굴러가는 소리와 "계란이나 김밥이요"하며 열차 복도를 지나가는 판매원 아저씨의 목소리를 베개삼아 한바탕 밀려오는 졸음과 동행에 모두들 빠진다.

 서울도착. 숙소를 잡고 미리내 소극장에서 리허설중 방송에서 인터뷰도 있단다. 오호 이것봐라. "우리공연에 사람들이 몰리겠네"하며 모두들 좋아한다.

 결전의 날. 모두 긴장하며 서로 분장이며 소품들을 챙기고 무대에 올라갈 준비를 다 마쳤다. 원을 그리며 큰 날개짓으로 비행하는 독수리의 기개있는 모습처럼 우리들은 결연한 의지로 무대에 올랐다.

사람이 가득 차 있는 것을 기대한 것과는 반대로 휑한 객석에 싸늘한 반응, 대사가 서로 빗나가고 온 몸에는 샤워라도 한 듯이 내리는 땀들, 빨리 이 상황을 벗어나고픈 생각에 사로 잡혀 안간힘을 쏟는다.

드디어 끝이 났다. 관계자들이 죽으라고 박수를 쳐댄다. 참 씁쓸한 하루였다.

저녁이 되었다. 삼삼오오 흩어져 허기진 배를 채우느라 이식당 저식당 기웃거리며 밥을 먹는다. 소주도 당연히 곁들인다. 뒤풀이 겸 먹는 소주로 공연의 망함을 축배라도 하는 듯 마셔댄다.

우리가 콩나물도 사오고 경비 아끼려 온갖 고생을 다했는데 결과가 안좋으니 모두 울상이다.

나는 몸이 안좋아 숙소로 먼저 들어가니 몇몇은 벌써 자고 있었다. 숙소 화장실 앞에 자리를 잡고 누워서 여러 생각에 잠기곤했다. 참으로 허망했다. 이렇게 고생해서 왔는데 쪽박찼으니 상실감이 이만저만이 아니었다. 한참을 그런 생각으로 뒤척이다 잠이 들었다.

우당탕탕 하는 소리에 잠이 깨었다.
소주병을 누가 던지는 바람에 여관방 유리창이 내려앉았다.
잠든밤에 그것도 망한 날, 승천은 노래를 부르며 곤히 자고 있는 우리들의 방에 들어와 뭐라뭐라 씨부리며 뺨맞을 짓을 하였다.
이때 후배 명우가 "조용히 하고 뒤비자라"" 안 그래도 기분 족치가 자고 있는데 니만 기분좋나 응?"하며 달라드니 승천은 아랑곳하지 않고 여전히 씨부려댄다.
이때 명우는 방 여기저기에 뒹굴고있는 소주병을 잡아 승천을 향해 던졌으나 다행히도 빗나가 유리창을 깨고 말았다.

멱살을 잡고 손가락질을 하며 다른이들은 싸움을 말리고 하는데 나는 그만 울음을 터뜨리고 말았다.

순간 주위는 조용해졌고 싸움은 중지되었다.

나의 울음이 싸움을 멈추게 했던 것이다.

나의 울음은 망한 공연에 서러웠던 것도 있었지만 촌놈들이 서울까지 와서 최선을 다한 청춘의 모습에 감격한 눈물이었다.

따따부따 씨부리는 승천과 과격남 명우는 화해하였고 언제 다시 올지 모르는 서울을 뒤로하며 정겨운 부산으로 돌아온다.

열우, 승천, 정환, 해순, 희철, 주효, 희영, 호남선, 성준 그리고 몇몇은 오래되어 기억하지 못한다.

이들 중 정환, 희철, 주효는 우리 곁을 떠나 저 세상으로 먼저 떠났다. 이 좋은 세상과 일찍이도 인사를 했네.

친구들아!

다시 돌아와 승천의 씨부리는 말과 명우의 소주병 휘날리는 명연기를 같이 보지 않을래?

로망에 대하여

인쇄일 | 2023년 11월 30일
발행일 | 2023년 12월 02일
지은이 | 강열우
발행처 | 앤북스
　　　　　부산광역시 부산진구 월드컵대로472번길 30
　　　　　T. 051)852-0786 F.051)852-0796
편집·디자인 | 디자인앤 T.051)852-0786 E.trendup@hanmail.net

ⓒ 2023. 강열우 ISBN 979-11-974461-8-4(03810)
정 가 / 20,000원

※ 이 책의 무단전재 및 복제행위는 저작권법에 의거, 처벌의 대상이 됩니다.